在初中数学教学中
引导学生自主变式的研究

吕进智 ◎著

世界图书出版公司

图书在版编目（CIP）数据

在初中数学教学中引导学生自主变式的研究 / 吕进
智著 . -- 北京：世界图书出版公司，2019.8
　　ISBN 978-7-5192-6607-3

　　Ⅰ . ①在… Ⅱ . ①吕… Ⅲ . ①中学数学课－教学研究
—初中 Ⅳ . ① G633.602

中国版本图书馆 CIP 数据核字（2019）第 173575 号

书　　　　名	在初中数学教学中引导学生自主变式的研究
（汉语拼音）	ZAI CHUZHONG SHUXUE JIAOXUE ZHONG YINDAO XUESHENG ZIZHUBIANSHI DE YANJIU
著　　　者	吕进智
总　策　划	吴　迪
责　任　编　辑	滕伟喆　李爱华
装　帧　设　计	刘　岩
出　版　发　行	世界图书出版公司长春有限公司
地　　　址	吉林省长春市春城大街 789 号
邮　　　编	130062
电　　　话	0431-86805551（发行）　0431-86805562（编辑）
网　　　址	http：//www.wpcdb.com.cn
邮　　　箱	DBSJ@163.com
经　　　销	各地新华书店
印　　　刷	三河市燕春印务有限公司
开　　　本	787 mm × 1092 mm　1/16
印　　　张	11.25
字　　　数	203 千字
印　　　数	3 001—5 000
版　　　次	2019 年 8 月第 1 版　　2020 年 5 月第 2 次印刷
国　际　书　号	ISBN 978-7-5192-6607-3
定　　　价	45.00 元

第一章
导 论

第二章
自主变式及其理论基础

第三章
初中数学中引导学生自主变式的理论研究

第四章

在初中数学教学中引导学生自主变式教学模型的建立

第五章

在初中数学教学中引导学生自主变式的基本原则

第六章

在初中数学教学中引导学生自主变式教学策略的构建

第七章

在初中数学教学中引导学生自主变式的案例分析

第八章

研究结论与建议

第 一 章

导　论

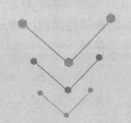

第一节　研究背景

初中数学教学中，基础知识和基本技能被称为"双基"，强调双基已经成为初中数学公认的基本特征。① 从21世纪初开始的新课程改革以来，《义务教育数学课程标准（实验稿）》以"双基"为基础，增加了"过程与方法""情感、态度与价值观"，形成了三维教学目标。新维度目标的出现赢得了教师的广泛关注，而"双基"的教学普遍受到了弱化甚至忽视。正是意识到这一点，《义务教育数学课程标准（2011年）》（以下简称《标准》），明确提出了"四基"的概念，即在"基础知识"和"基本技能"的基础上增加了"基本思想"和"基本活动"。实际上，不管是"双基"还是三维教学目标，其最终目标都是为了培养学生的数学思维和创新能力，促进学生综合素质的发展。

《标准》明确指出，数学教学要注重学生学习兴趣的激发，注重学生学习积极性的调动，注重引导学生进行思考，鼓励学生开展创造性的思考。所谓创造性的思考，就是学生围绕同一问题，从不同的角度、不同的侧面、不同的层次展开分析，逐步地寻找答案。为了做好创造性思考的培养工作，初中数学教师习惯于引导学生变换问题的已知条件和问法，以此来拓展学生的思维，这在一定程度上促使学生更加积极地参与课堂活动，主动地思考问题之间的联系，从不断变化的问题表象当中建立不变的数学本质。但是，这种教学基本上都是以教师的活动为主体，学生仅仅是被动地参与活动，被动地回答问题，对于问题变化的特点、变化的原因、变化的价值、数学本质等一无所知或知之甚少。于是，在课堂教学中，总是看到教师提出的问题一个接一个，学生一个接一个地回答问题；教师不说是如何变化的，学生只是一味地做题从来也不问。这样

---

① 朱雁，鲍建生. 从"双基"到"四基"：中国数学教育传统的继承与超越 [J]．课程·教材·教法，2017（1）：62-68.

的教学，实际上仍是以"教"为中心。

从教学实际看，中国学生在国际数学奥林匹克竞赛中屡屡获奖，出现了国际数学教育界高度关注的"中国学习者的悖论"现象。数学教育家蔡金法的研究表明，中国学生在"过程受限"问题（利用标准算法可以解决的问题）的解决过程中表现很好，但是遇到"过程开放"问题（需要根据问题情境进行创新分析的问题）时往往不如美国学生。他认为，产生这种现象的原因是中美两国学生对问题的表征和解决问题的策略不同。美国学生喜欢通过图示、表格、语言来直观、具体地描述问题，提出直接的解决策略，对数学的理解通常是非形式化的；而中国学生喜欢利用符号来表征自己遇到的问题，提出抽象的解决策略，对数学的理解往往过于形式化。① 而要促进学生思维能力和创新能力的全面发展，最好的方法莫过于择取中美两国数学教育的长处，同时采用图示、表格、语言、符号等多种方法来表征数学问题。

西方数学教育倡导学生多元表征的学习，希望以此来发展学生的思维能力和创新意识。如 Keller 和 Hirsch（1998）提出，多元表征可以使数学对象的多元属性凸显出来，使认知结构不同的学习者建立不同表征之间的连接。② 美国数学教师协会（NCTM）（2000）认为，不同的表征与不同的思维方式是相联系的，学生在解决数学问题时既要学会不同数学表征的选择、使用和转化，还要将不同的表征联系起来。

在我国数学教学当中，数学思维的发展和创新能力的培养一直是热点话题。既然我国学生能在国际数学奥林匹克竞赛当中屡屡获奖，表明我国的数学教学有其合理之处。张奠宙先生认为，中国传统数学教学最重要的特征就是以"双基"训练为基础的变式教学。③ 教学实践表明，变式教学有助于学生思维能力的发展，自然应该在新课程改革的过程中得到继承和发展。变式教学的本质是价值中立的教学手段，以不同的教学思想和教学理念为指导，可以实现不同的教学目的。根据时代的发展需要，在数学教学中合理地引导学生进行自主变式，引导学生在多元表征的基础上进行变式思考，必将有助于学生思维能力和创新

① 蔡金法. 中美学生数学学习的系列实证研究 ［M］. 北京：教育科学出版社，2007：69.

② Keller B. A. , Hirsch C. R. , *Student Preferences for Representations of Functions* ［J］. *International Journal of Mathematical Education in Science & Technology*, 1998, 29 (1)：1 – 17.

③ 张奠宙. 中国数学教育成功的关键在于"四基"［J］. 数学教学，2018 (5)：4.

能力的发展。

初中教育是义务教育的高级阶段，是学生终身发展的重要基础，也是进行素质教育的最佳时期。同时，初中学生正处于由具体经验思维到抽象演绎思维过渡的关键期和多元表征的最佳发展期。这一阶段，数学教学内容将实现由算术思维到代数思维的转变。入门易、提高难，唯有引导学生自主变式，才能达到化难为易，提高学生创新能力的目的。如何突出初中数学的基础性、发展性、创新性和学生的主体地位，将成为引导学生自主变式研究的目标。

第二节　研究问题

本研究是"在初中数学教学中引导学生自主变式"的教学研究，而自主变式的基础是数学问题的多元表征，自主变式的目的是促进学生数学思维能力的发展。因此，本研究将要解决以下问题。

一、多元表征与自主变式的关系

从表面上看，多元表征与自主变式有必然的联系，但是，要弄清楚其中具体的联系，就要分析两个问题：一是要搞清楚多元表征的内涵、特征和以多元表征为基础的学习的优缺点，只有搞清楚这个问题，才能找到多元表征和自主变式整合的最佳策略；二是要搞清楚自主变式教学的内涵、特征、优缺点及与多元表征的内在联系，只有搞清楚了这个问题，才能知道将多元表征和自主变式教学整合而成的数学教学理论的教学取向。

二、以自主变式教学理论为指导的初中数学教学

以多元表征为基础构建起了自主变式教学理论，如何应用到初中数学教学中，是对初中数学教学的哲学思考。有效的教学理论是符合学生学习规律的，是以教学论作为标准的。对于具体的数学学习内容，如何实现多元表征，引导学生完成自主变式？数学学习的内在机制是什么？如何进行教学设计？如何组织课堂教学？

三、引导学生对自主变式教学理论进行实践检验

以多元表征为基础引导学生自主变式的教学理论在实际中有无价值？有没有更好的实践方法？如何通过教学实验进行验证？如何处理实验数据？如何提

炼形成实验结论？

四、对本研究结果的讨论

本研究的整体设计是否科学合理？研究方法是否恰当？有何创新？研究结论能否推广到其他学段的数学教学？能否推广到其他学科的教学？对具体的教学实践活动有何建议？

第三节 研究目的和意义

一、研究目的

我国的中学数学教学特别强调基本知识的学习和基本技能的掌握，而在学生理解概念和解决问题能力的培养上，往往事倍功半，效率之低令人忧虑。自从 2011 年课程改革以来，从教学理论研究到教学实践研究，都将关注点集中到了教学方式的转变上，合作、交流、探究已经成为当前基础教育当中不可或缺的学习方式，这为培养学生的实践能力和创新意识奠定了基础，为数学教育打开了一扇新的窗户，课堂教学氛围更加活跃。但是，冷静地观察和思考之后就会发现，所谓的课堂交流、讨论和探究往往流于形式，"穿新鞋走老路"的现象屡见不鲜。传统的教学方法已经不符合当前时代发展的需要了，不顾国情照搬照抄西方国家的教学模式也不可能改变我国数学教育面临的问题。因此，新课程标准特别强调传统特色。张奠宙先生则提出对原来的"双基"目标进行扩充，形成"四基"目标。①这在本质上就是适应时代发展的需要，借鉴其他国家的教育经验，结合我国的传统文化特点，不断地实现数学教育的创新和发展。

不管是什么样的数学教学模式，只要是在保持传统数学教育特色、借鉴国外先进教学经验和教育思想的基础上进行的研究和实践，都会推动数学教育的发展。因为和其他事物的发展一样，数学教育的发展本质上也是辩证否定的过程，是在继承的基础上改革、在改革的同时创新的过程。在发展过程中，数学教育的内容和形式是动态的、相互适应的。决定数学教育成败最为关键的因素就是教学模式和教学策略是否得到了科学合理地应用与研究。

---

① 朱雁，鲍建生. 从"双基"到"四基"：中国数学教育传统的继承与超越 [J]. 课程·教材·教法，2017 (1)：62 – 68.

在我国传统的数学教学当中，变式教学已经成为一种基本形式，具有相对稳定性，但是要想在新的时代背景下将其升华为新的教学内容，更好地促进学生思维能力的发展仍是一个难题。本研究就是以多元表征理论为指导，探讨和分析数学教学形式的改革，谋求初中数学教学发展的新途径。

二、研究意义

自 20 世纪 90 年代起，教育学和心理学开始关注多元表征的课题，数学教育心理学国际研读组（PME）还专门设立了数学学习表征研究工作组，将研究重心由实验情境多元外在表征转移到了真实教学情境中的多元表征，并开始探讨多元表征与传统教学的融合问题。

1994 年 2 月，全美数学教师理事会发布了题为"为每个人的代数"的报告。报告认为，任何中学生都应该拥有学习代数的机会，所有美国人都应该关注代数的教学研究；应该通过代数教学来引导学生理解代数思想，并使所有学生在学习代数的过程中获得成就感，为学生后续的代数学习或其他领域的学习做好准备。2005 年，该理事会还在年会上提出，应该以代数为中心，将所有年级的课程串接起来。后续的研究表明，在数学学习过程中，学生只有学习了多个表征，才能完整而深刻地理解数学概念、数学规律、数学思想和数学方法；只有完成了数学表征系统的转换与转译，才能在"数"和"形"的有机融合当中透彻地理解数学。

当前我们正处于信息技术时代，数学教育的内容和方式瞬息万变，初中数学教学也应与时俱进。只有符合现行的数学思维素养要求的数学思维学习目标才能称之为初中数学学习的最高目标。在这种形势下，如何将新理念融入传统的变式教学当中，引导学生自主变式，形成具有中国社会文化特色的初中数学课堂教学策略就被提上了日程。本研究的意义正是着眼世界、立足本土，引导学生通过多元表征学习，提升数学课堂学习效果。因此，结合初中数学教学实际，以多元表征为切入点，探讨改善数学教学，提升学生对数学概念、定理、定律的理解，具有积极的研究价值。

总而言之，本研究以初中数学教学实践为出发点，结合素质教育和新课程改革的需要，从宏观上对初中数学教学发展的方向和路径进行了讨论，发展了具有中国特色的变式教学；从微观上，则依托变式教学的成功经验，利用多元表征来提高初中学生学习数学的效率，形成了一种全新的教学模式，丰富和发展了数学教学理论。

第四节　研究内容与方法

一、研究内容

本研究以多元表征理论为指导，丰富和发展了我国传统的变式教学，主要目的是为了更好地促进学生数学思维能力和创新能力的发展，更好地落实新课程改革的目标。根据这一目标，研究过程中将对以下问题进行系统分析：

（1）以系统的文献研究为基础，梳理与本研究相关的研究成果。研究过程中，笔者从多元表征出发，分析了数学表征和数学多元表征的内涵，讨论了变式教学的本质，数学多元表征的特点，数学多元对数学学习、数学问题的解决和元认知的影响，阐释了多元主义及多元表征的优势与不足。对多元表征和变式教学的哲学讨论表明，二者之间可以实现对接互补，而三者融合的理论基础就是多元主义与本质主义的融合。由一元主义发展成为多元主义、由本质主义走向生成主义正是现代教育的发展趋势。深入的理论研究表明，多元表征和变式教学之间具有密切的联系。数学知识点是以多元表征的形式存在的，变式是以多元表征为基础进行的多样化讨论，这就形成了整合变式教学和多元表征的理论基础。

本研究最终是为了促进学生数学思维能力和创新能力的发展。因此，本研究首先分析了初中数学教学的一般特征。无论是从历史发展的角度看，还是从形式结构的角度看，数学都是一门语言丰富、变化中蕴藏着不变的古老学科。在初中数学学习中应以数学本质的分析为基础，抓住数学的一般特征，突出"四基"，强化探究，学会数学的多元化表述，掌握分析数学问题的结构模式。在数学教学过程中，引导学生自主变式，让学生实现学习过程与学习结构的转化，掌握数学思维特征是整合多元表征和变式教学形成的全新教学理论，这将成为引导学生自主变式的理论依据。

（2）以多元表征理论为基础，构建引导学生自主变式的教学模型。以多元表征理论为基础，构建引导学生自主变式的教学模型，是为了更好地促进学生数学思维能力和创新能力的发展。这一教学模型是以传统变式教学为基础的，包容性更强、内容更加丰富。研究过程中，结合数学要领的理解、数学技能的训练和数学问题的解决，详细地说明了这一教学模型的应用，给出了操作流程图。研究还以系统论、认识论和学习论为出发点，分析了教学模型的合理性，深入挖掘了教学的目的、原理、议程和程序，为进行深入的理论分析和实践研究提供了指导。

（3）以多元表征理论为基础，提出引导学生自主变式的教学策略。研究过程中，联系学生的认知发展理论，对数学多元表征进行变式反思和转化联系，分析了师生交流理论，对教学双主体、抛锚式教学和随机访问进行了全面深刻的分析，提出了初中数学教学策略，并结合具体的教学案例进行了说明。

（4）对研究进行反思总结，给出研究的结论和建议。对本研究的选题和设计、研究过程的实施和验证进行全面的分析，阐述研究设计的合理性、研究过程的科学性，并对研究的主要环节做了讨论，对研究结论进行了拓展和挖掘，为教学实践和相关研究的深入提供了研究性建议。

二、研究方法

本研究以多元表征理论和变式教学之间的内在联系为基础，以初中数学教学为案例，提出了在初中数学教学中引导学生自主变式的教学模型和教学策略，并进行了个案分析。在研究过程中，理论分析由浅入深，实践研究具体实用，研究结论概括性强。研究所用方法论先进、所用方法科学合理、研究过程有效、研究结论可靠。

由于本研究需要整合我国传统数学教学中的变式教学和西方的多元表征学习理论，从方法上看，应该辩证地看待变式教学和多元表征的优点和不足，系统地认识多元表征和变式教学的融合，以联系的观点分析变式教学和多元表征的本质关系，科学地认识学生在变式学习中的自主地位。具体研究方法按照研究内容与实际情况选择和使用。

（1）文献资料法。本研究系统分析了与多元表征、变式教学相关的文献资料，梳理了多元表征理论的主要成果，阐述了多元表征的内涵和特征，以哲学的视角来审视多元表征及其优缺点。通过系统分析变式教学的相关研究，对变式教学的内涵和特征进行了梳理，以哲学的视角来分析变式教学的本质及其优缺点。通过理论梳理，可以清晰地看到多元表征与变式教学的内在联系，形成以多元表征为基础的变式教学理论，更有利于发挥学生学习的自主性。本研究还在数学教育哲学的视角下，对初中数学教学的一般特征进行了讨论，给出了初中数学思想的基本特征，提出了在初中数学教学中引导学生自主变式的教学理论和具体设想。

（2）理论演绎法。本研究借助理论演绎的方法，以多元表征理论为基础，建立了引导学生自主变式的教学模型，而后论证了其合理性，分析了其基本目标、基本过程和基本原理，针对数学概念的理解、数学方法的掌握和数学公式的解决得出了相应的教学模式，为教学策略的研究打好了基础。在具体的教学策略中，应该联系认知理论、师生交往理论，对初中数学教学实际进行全面的分析，提出方便可行的教学策略。

（3）个案研究法。根据研究中所提出的教学策略，科学地设计教学实验方案，通过个案教学实验验证研究中所提出的教学模型的有效性，总结教学操作经验，进一步完善和发展教学理论体系和教学策略体系。个案研究中，将选用初中数学当中最为典型的定理、例题、习题三种案例，采用定性研究与定量研究相结合、理论研究与实践研究相结合的方式，使已有的教学理论得以验证和完善，同时又做到了研究方法的创新。

第五节 研究框架

本研究以"在初中数学教学中引导学生自主变式"为起点，全面系统地研究、建构教学模式和教学策略。研究过程中紧密围绕"是什么、为什么、怎么样"进行系统研究。具体研究框架如图1-1所示。

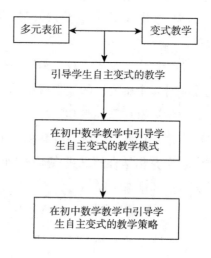

图1-1 研究框架

第二章

自主变式及其理论基础

　　"变式"是一个由来已久的概念。要讨论在初中数学教学中引导学生自主变式的话题，首先要做的当然是对自主变式的概念加以界定，并说明其理论基础。这就是本章的主要内容。

第一节　自主变式概念的界定

　　"自主变式"的概念源于"变式"的概念，并与变式教学、变式能力有密切关系。因此，在界定自主变式的概念时，应该从"变式"的概念出发，逐渐深入地进行讨论和分析。

一、变式的概念

　　"变式"一词的重点在于"变"。《汉语大字典》中对"变"的解释是"变通（把原定的办法略加改动以适应事实的需要）。"① "变式"这一概念的出现，可以追溯到 20 世纪上半叶苏联心理学者对几何教学心理的研究。В. И. 孜科娃（В. И. Зыкова）、Е. Н. 卡班诺娃 - 梅列尔（Е. Н. Кабанова - Меллер）等人研究发现，在那些只利用"标准图形"的学校里，许多学生不认识他们已经学过的而位置不标准的图形。比如，不认识直角位置上面的直角三角形。因此，他们提出图形的变式原则，即以"变式图形"促进学生形成空间表象和几何概念。他们通过教学实验证明，采用变式图形进行教学多数情况能获得十分良好的效果。②

　　自 20 世纪 70 年代以来，变式受到了我国教育专家和一线教师的重视，上海青浦教学改革实验的变式理论更被张奠宙先生称为"兼具中国特色和国际水

---

① 徐中舒. 汉语大字典 ［M］. 武汉：崇文书局出版社，2010.
② 陈红兵. 变式理论与变异理论——两个教学理论的比较与关系探析 ［J］. 教育科学研究，2013（8）：22 - 26.

平的数学学习和教学理论"。① 教育心理学家潘菽和邵瑞珍都曾对变式做出了界定。潘菽认为，变式就是使提供给学生的各种直观材料和事例不断变换呈现的形式，以便其中的本质属性保持恒在，而非本质属性不常出现。邵瑞珍认为，变式指的是呈现概念时，提供有的特征不变的肯定的例证。在《中国教育百科全书》当中，变式被认为是人们掌握概念的方法之一，主要是为了使人们抓住事物的主要属性和一般属性的思维方式，通常是事物变换的样式。

通常来说，客观事物的表现形式是多种多样的。如果教师在教学过程中呈现出的变式是错误的或者是不正确的，往往会影响学生对概念内涵和外延的理解。因为错误或不充分的变式，都会包含一些概念的非本质属性。相反，如果在教学过程中，尽可能多地让学生接触具有本质属性的变式，则会为学生掌握科学概念提供帮助。

本研究认为，变式就是以保持事物本质特点不变为基础，给学生提供变化的问题情境。

二、变式教学的概念

顾明远教授在《教育大辞典》中提到，教学变式是教师在教学中引导学生确切掌握概念最为重要的方式之一，也就是说教师在教学过程中呈现给学生形式不同的直观材料或事物，材料或事物的变换会突出事物的本质特征，使学生更加准确地抓住事物的本质特征，并将之与事物的非本质特征区别开来，进而形成更加科学的概念。

在变式教学中，教师围绕同一教学内容，从不同的侧面来表述和分析，通过不断改变的呈现形式来实现同一内容的全面表达，突出教学内容的本质，实现了由"单维"教学表述到"多维"教学表述的变化。如不断改变数学概念的非本质特征、改变问题的条件或结论、变换教学材料的呈现形式、在不同的问题情境中呈现数学概念等。

综合以上理论，笔者认为，在数学教学中，变式教学就是突出数学概念、数学定理、数学公式、数学图形的主要属性，通过增加干扰项和变换呈现方式的手段来引导学生不断思考、分析和探究，进而抓住数学知识的本质形式。变

---

① 张红，宁锐. 努力诠释中国特色的数学教育理念以及实践特色——张奠宙先生访谈录 [J].
中学数学教学参考（旬刊），2013（1）：3-6.

式教学最为核心的特点就是在变化中寻求不变，可以引导学生达到以不变应万变的学习效果。

在初中数学教学过程中，变式教学既有利于照顾到不同学生的个体差异，也有利于学生对数学概念、数学方法、数学思想和数学发展史的全面与客观的了解，有助于学生创新精神和实践能力的培养，有助于学生的终身发展。

三、变式能力

在现有的文献资料中，对变式能力的界定很少见，仅有的论述见于张瑞能的《初中物理变式教学的实践研究》（2009）。他认为，在物理教学过程中，变式能力就是指学生解决物理问题时，变式的灵活性、质量、数量、维度等方面所具有的层次和水平。[①] 笔者认为，数学教学中的变式能力也可采用同样的界定，即在数学教学中，变式能力就是学生在解决数学问题的过程中，在变式的灵活性、质量、数量、维度等方面表现出的层次和水平的不同。

四、自主变式

在现有的文献资料中，也很少见到自主变式的概念界定。本研究认为，自主变式就是学生在教师创设的教学情境中，自主地分析数学问题，自觉地应用所学数学知识的思想和行为。

---

① 张瑞能. 初中物理变式教学的实践研究 [D]. 苏州：苏州大学，2009.

第二节　自主变式的理论基础

一、变异理论

变异理论也称之为"马登理论"，是瑞典教育家马登用于研究现象图析学的教育理论。该理论最为核心的概念就是鉴别与差异。该理论认为，学习实际上就是鉴别的过程，鉴别需要以对差异的认识为基础，因而在教学过程中教师应该引导学生通过变异来全面地认识学习内容。根据变异理论，在教学过程中，教师需要给学生提供一个变异空间，引导其进行思考和辨别。而变式教学则是变异理论的一个实践验证。因此，变异理论应该是变式教学的重要理论支撑之一。

1. 变异理论的产生

20 世纪 70 年代，瑞典人 F. 马飞龙、L. 道格伦、R. 沙尔宙等人在实证性研究的基础上，提出了新的研究范式——现象图析学。他们以大学生学习为对象，对"某些人比其他人学得好，这意味着什么？为什么某些人比其他人学得好？"进行了系统研究，结果发现学习结果的差别体现的是学生实际学习内容的不同而不是学习内容数量的多少。他们认为，人们对同一现象、同一概念或同一规则的理解因为对关键属性把握的不同而分为若干个不同的方式。20 世纪 90 年代中期，F. 马飞龙、L. 道格伦等人提出，变异是达成关键属性审辨的要素，这就是变异理论中的基本假设之一。他们将经验变异归结为有效学习的主要机制，提出了"没有变异就没有学习"的论断。①

---

① 陈红兵. 创设有效的学习空间——变异理论视野下的课堂教学 [J]. 教育学报，2013（5）：52 - 60.

2. 变异理论的发展

在对课堂教学进行分析、描述和评价时，变异理论有助于透过相似的表面分析课堂教学实质上的差别。近 20 年以来，瑞典及我国的研究者和一线教师以变异理论为指导，开展了大量的教学实验研究，并将教学效果与其他课堂教学进行了比较。以分数概念的教学为例，实验班以变异理论为指导进行教学设计：保持分子不变，不断变换分母，让学生审辨"分母"的意义；而后对比等分和不等分的不同，引导学生抓住分数概念中"平均分配"的关键属性。从教学实验的结果来看，实验班对分数概念关键属性的审辨明显高于对比班。这就验证了变异理论的科学性。由此可以看出，以变异理论为指导的基本教学策略就是系统地运用变与不变，通过分离、类合、对比和融合四种范式，为学生构建变异维度明确的学习空间。

二、建构主义教学理论

建构主义教学理论兴起于 20 世纪 90 年代的美国。时至今日，建构主义教学理论已经成为专家学者和一线教师较为关注的教学理论之一。

建构主义理论是以对传统教学的批判、分析和整理形成的。进入 20 世纪之后，自然科学知识和社会科学知识日渐丰富，科学技术越来越发达，人的行为所受到的束缚和限制越来越少，社会逐渐走向了多元化和个性化。这就对传统的权威型社会造成了巨大的冲击，文化建构论成为学者关注的焦点。作为文化形式之一的教育，必然也要涉及建构，即所有人都会在继承和发展文化知识的同时进行积极的创造，建构主义教学理论就应运而生。

瑞士著名心理学家皮亚杰是建构主义教学理论当之无愧的先行者。他的建构主义观点源于他的儿童认知心理发展观。他认为发现是学习最基本的原理，理解是在重新发现中完成的。学生只有积极地参与活动并在活动中发现关系和概念，才能理解基本现象，并一步步地形成自己的认知。他将人的发展因素归结为四个，即素质、自然环境、社会环境和认知结构。认知结构是与学生在学习活动中所形成的，与图示相对应，而认知结构则是通过建构形成的。

后来，美国人本主义学者凯利（G. A. Kelly）提出了个人建构理论。他认为，人们对自我和环境的了解与预测是通过暂行模型的建构来实现的，并且会以个人的标准对这些模型进行评价；只要是能够想象到的事物，都是可以重新建构的；科学知识的本质也是人为的、主观的假设，人们总是寻找"更好的理论"来对其进行矫正。在每个人的头脑中，都会建构起独特的个人表征模型，只有这样的世界才是有意义的，也正因如此不同的人才会对同一现实做出不同的反应。

按照建构主义理论，学习的本质不是学生被动接受教师传授的知识和方法的过程，而是根据自己已有的认知结构主动地进行知识建构的过程。由此看来，学生的学习过程本质上就是一个主动的建构过程，学生是这一建构活动的主人，教师则是这一建构活动的组织者和引导者。在教学过程中，教师应该引导学生主动地变式，必要时可为学生创设问题情境，引导其在变式中寻找数学的本质，不断增强自身的思维能力和创新意识。因此，建构主义教学理论应该是在初中数学教学中引导学生自主变式的理论基础。

三、最近发展区理论

最近发展区理论的提出者是苏联教育家维果茨基。他认为，学生具有两种不同的发展水平：一是学生独立完成某项活动时所具有的解决问题的能力，二是学生通过学习可能达到的能力水平。这两个不同的发展水平之间的差异则称为最近发展区。他还认为，教学的着眼点应该是学生的最近发展区，应该为学生提供难度适当的教学内容，激发其学习的积极性，激活学生的学习潜能，引导学生通过最近发展区获得能力和素质的提升。

维果茨基的最近发展区理论主要是针对学生的智力来说的。而实际上，学生的心理发展的不同方面都具有最近发展区。在教学中，教师应该以学生的最近发展区为核心，大做文章，通过例题分析、习题讲解、作业批改等不同的形式引导学生看到成功的希望，找准自己努力的方向，稳步实现自己的学习目标，不断地实现自我完善和发展。

在数学教学中，教师除了要关注学生的最近发展区，引导学生主动地探究新知识外，更重要的是潜移默化地培养学生的思维方式和思维习惯，以不断地提升学生的综合能力。教学实践中，了解学生已经具备的知识和能力，摸清学生现有水平最为有效的方法就是课前测试、批改作业和与学生交流，通过覆盖面广、难度适中、层次分明的测试题目和学生回答问题的速度、表情、神态，来判断学生的知识储备、思维水平，这将有助于教师更加详细地掌握学生的最近发展区。而后，则需要以生动有趣的教学情境为媒介，师生共同走进学生的最近发展区，让学生通过自主变式来完成新知识的同化和顺应，领悟新思想、新方法。此外，在教学过程中，还要实时地对学生的潜在发展水平进行评估，从而有效地调整教学内容、教学进度和教学方法。如在完成数学概念的教学之后，可以让学生复述；讲完例题之后，让学习水平中等的学生板演，都可以及时发现学生在学习过程中存在的问题，及时进行鼓励，使其保持较强的学习自信心。这样的教学过程，意味着学生自始至终都在唱主角，学生成为学习的主人，而教师的作用则是不断地引导学生深入的学习。

按照最近发展区理论，教学的本质就是实现由现有水平到最近发展区的转变。如果学生在学习过程中所接触的问题情境都刚好在自己的最近发展区内，他们就会主动地利用已有知识，对各种可能的数学问题的变式进行思考，并在圆满地解决问题的过程中感受到数学学习的乐趣，而数学应用能力也会得到同步的培养和提高。如此一来，学生就会始终保持旺盛的求知欲，不断地在成功解决数学问题的过程中获得成功的体验，形成更加稳定和持久的数学学习兴趣，实现由"要我学"到"我要学"的转变。

从以上分析可以发现，以最近发展区为指导的教学过程中，教师所关注的是学生真实水平与预设教学目标之间的差距。要缩小这一差距，最好的方法就是引导学生自主变式，使学生由熟悉的问题开始思考，在梯度合理的变式问题中讨论过程，自主生成，自主提高，并不断地挖掘自身潜在的学习能力，抓住新知识的本质，接近或达成教师预设的教学目标。

四、"脚手架"理论

"脚手架"理论也称为支架理论。脚手架原本是建筑行业中使用的一种工具，通常指工人在建造、修葺或装饰建筑物时，用于承载人和建筑材料的暂时性的平台、柱子等。当建筑任务完成之后，这些脚手架将失去其使用价值，被人们拆掉。最早将脚手架引入教育学中的是伍德（Wood，1976）。他将学生比作一座建筑，认为学生的学习就是不断地、主动地建构的过程；教师的教是为了给学生提供必要的脚手架，引导学生完成建构过程，提高学生的创新能力和应用能力。

在教育活动中，脚手架所指的则是教师为了达到预期的教学目的，为学生提供合适的辅助设施或理论解读，引导学生自主完成原本无法完成的任务。对于教学活动来说，教师所提供的脚手架与建筑行业当中所用的脚手架的作用是相同的。随着学习活动的逐步深入，学生就会逐渐地形成自主学习意识，脚手架就可能显得多余，这时教师就没有必要再给学生提供学习辅助了。当然，在开始新的学习过程时，需要给学生提供新的脚手架，脚手架的内容和形式都将发生变化。这就如同建筑工人盖楼需要不断地挪动脚手架的位置一样。

当然，教学过程中的脚手架与建筑行业中的脚手架也具有明显的不同点：在教学过程中，脚手架并不是与学生知识水平的底线保持一致的，因为只有学生具备了一定的基础知识，才有可能完成尽可能多的任务。在教学活动中，教师所提供的脚手架不可能像建筑行业中所提供的脚手架那样精确。此外，建筑行业中的脚手架只有完成了建筑任务之后才会拆除，而教学活动过程中的脚手架设置与拆除是与教学活动同步进行的（图2-1）。随着学生实际水平的提高，教师所提供的脚手架的层次也会逐渐上升，而脚手架的总量则不断减少。由于有了教师提供的脚手架，学生的学习活动将会少走弯路。

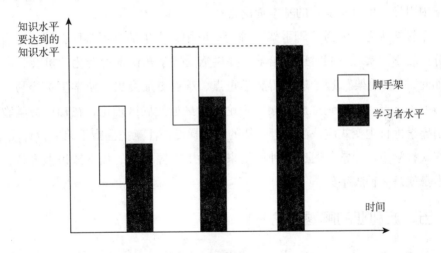

图2-1　脚手架理论图示

目前，"脚手架"理论已经得到了研究者的认可，认为其有助于儿童的认知发展和学习能力的提高，有助于学生掌握解决问题的方法。可是人们并没有给出"脚手架"理论明确的概念，对于脚手架的论述更多地体现了建构主义理论基础关于教和学的理念，强调教师的"教"在教学活动中的支持、引导和协助作用。美国人卡茨登（Gazden，1979）认为，"脚手架"理论在教学中的应用是广泛的。① 符合学生最近发展区的脚手架的教学设计，可以促进学生认知的发展，实现新信息与原有知识基础的同化。

教师给学生创设脚手架的方式是多种多样的，可以是榜样、激励、暗示、提示，也可以是提问和解释。如在初中数学教学中，当学生遇到难以解答的几何证明题时，教师可以提示学生回忆所学过的几何定理或辅助线的做法，也可以引导学生重新阅读题目，从中找到自己忽略的信息。新课程改革中所提倡的合作学习，实际上也是为了给学生提供学习的脚手架。

在教学过程中，"脚手架"理论可能表现为教学策略或教学工具，也可能表现为教学方法或教学方案。但是不管怎样，教师都需要根据学生的实际水平，不断地提供教学变式，以此来为学生提供学习能力和综合素质发展所需要的脚手架，这对于课堂教学设计是具有重要的参考价值的。在初中数学教学中，根据实际教学的需要，通过恰当的铺垫方式来引导学生完成自主变式，使学生逐渐理解并掌握比较难以掌握的数学知识、数学思想和数学方法，本质上就是"脚手架"理论中搭建脚手架的活动。因此，"脚手架"理论应该是在初中数学教学中引导学生自主变式的基本理论之一。

布鲁纳认为，因为"脚手架"理论的应用，学生的学习难度会降低，有助于分层教学的实现，同时还会给学生提供感受数学知识发展变化的机会。② 不仅如此，"脚手架"理论还使得教学重点、难点更加突出，使学生更容易找到学习的关键点。考虑到"脚手架"理论源于最近发展区理论，在初中数学教学中引导学生自主变式应该注意脚手架的设计梯度，注意把握脚手架的设计质量。在变式教学中，通常会通过各种铺垫来为学生掌握较难的数学知识做准备，而这本身就是一种脚手架。

五、波利亚的解题理论

乔治·波利亚（George Polya，1887—1985），美籍匈牙利数学家、数学教育家，毕生从事数学研究，著有《怎样解题》（1945）、《数学与猜想》（1954）、《数学的发现》（1962）等。波利亚认为，数学教育并不是以传授知识作为唯一目的的，还应该注意学生本身"内蕴能力"的发展，他认为

① 洪树兰. 数学"支架式教学"研究 [D]. 昆明：云南师范大学，2006.
② 周海斌. 活用教材为学习搭建"脚手架" [J]. 中小学教学研究，2012（11）：10-10.

应该给学生创造系统的发现事实的机会，让学生完成所教内容的再发现。其教育理论集中体现在《怎样解题》一书中，而《怎样解题》一书的核心则是"怎样解题表"。

"怎样解题表"把数学问题的解决分成了弄清问题、拟定计划、实施计划和回顾反思四个阶段（表2-1）。

表2-1　波利亚的"怎样解题表"

弄清问题	未知数是什么？已知数据是什么？条件是什么？满足条件是否可能？要确定未知数的条件是否充分，是否有多余的条件，是否有相互矛盾的条件。 画张图，引入适当的符号，把条件的各个部分分开，你能否把它们写下来？
拟定计划	你以前见过它吗？你是否见过相同的问题而形式稍有不同的题目？ 你是否知道与此相关的问题？你是否知道一个可能用得上的定理？ 看着未知数，试想出一个具有相同未知数或相似未知数的熟悉的问题。 这里有一个与你现在的问题相关，且早已解决的问题。 你能不能利用它？你能利用它的结果吗？你能利用它的方法吗？为了能利用它，你是否应该引入某些辅助元素？ 你能不能重新叙述这个问题？你能不能用不同的方法重新叙述它？回到定义上去。 如果你不能解决所提出的问题，可先解决一个与此有关的问题。你能不能想出一个容易着手的有关的问题？一个更普遍的问题？一个更特殊的问题？一个类比的问题？你能否解决这个问题的一部分？仅仅保持条件的一部分而舍去其余部分，这样对于未知数能确定到什么程度？它会怎样变化？你能不能从已知数据导出某些有用的东西？你能不能想出适于确定未知数的其他数据？如果有需要，你能不能改变未知数或数据，或者二者都改变，以使新未知数和新数据彼此更接近？ 你是否利用了所有的已知数据？你是否利用了整个条件？你是否考虑了包含在问题中的所有必要的概念？
实施计划	实现你的求解计划，检验每一步骤。 你能否清楚地看出这一步骤是否正确？你能否证明这一步骤是否正确？
回顾反思	你能否检验这个论证？你能否用其他方法导出这个结果？你能不能一下子看出它来？ 你能不能把这结果或方法用于其他问题？

在这四个阶段中，成功解决问题是以弄清问题作为前提条件的。在波利亚看来，如果还没弄清一个问题就开始回答是愚蠢的，没有理解问题就开始演算或作图的行为是最为糟糕的。正如俗话所说，审清了题意问题就解决了一半。在没有理解问题之前，切记不要轻易动手解题，否则将会因为理解的偏差而导致解答的错误。因此，在教学中，教师应要求学生在解决问题之前，重新叙述问题，或者引导学生将题目中的已知数据、已知条件、未知数据、所求问题等进行归类，一步步地引导学生完成问题的理解过程。

拟定计划是解题表中最核心、最关键的阶段。解题计划的拟定是以学生已有的经验和知识作为基础，发现和探究解题思路的过程。当然，受认知水平的限制，学生可能不会透彻地理解所要解答的题目，这时教师要为学生提供脚手架，引导学生在等价问题的思考中，完成自主变式。

解答数学问题，只要找到了切实可行的解题计划就变得相对简单了。但是，解题计划的发现并不是一蹴而就的，而是在大量的解题过程中逐渐形成的。因而，学生应该做好吃苦的准备，随时应对在解决问题过程中可能会遇到的困难和挫折。这样的过程将会使学生感受到必要的知识和技能的储备是极其重要的，平地起高楼更是不可能的，只有聚集起来一砖一瓦，才有盖高楼的可能性。在这一阶段，只要发现了问题的解决方案，就应该赶紧写下来，如果发现不了，则要从其他角度重新思考。

计划拟定之后，问题的解决就有了总体的框架，实施计划阶段就是将拟定的计划逐个付诸实践，相对较为容易，但却需要保持注意力的高度集中，注意做好每一步的演算和检验，避免出现计算错误。如果教师发现学生忘记了某一步骤，应适当地进行提醒，并提示学生实施每一步计划都要注意检验其正确性。

在波利亚的"怎样解题表"中，回顾反思是最后一个阶段，也是教学中最容易忽视的阶段。问题解答完之后，不应搁置一旁，而应该进行验算和回顾，考虑是不是可以利用其他的方法来解决，或者思考这道题所用的解题方法能否用于解决其他问题。

综合波利亚的研究可以发现，他将强化解题训练作为中学数学教学的首要任务，认为数学教育的最终目的是使学生学会思考。在初中数学教学中引导学生自主变式，应该注意把握波利亚解题理论的本质属性，让学生掌握解决数学问题的基本方法和基本思想。波利亚是不主张通过大量、重复的练习来掌握数学知识的。过多的数学解题训练会消磨掉学生学习数学的兴趣，占据学生思考、反思、归纳和总结的时间，影响学生智力和终身发展。他所提倡的是选择简单而有意义的题目引导学生探究数学的本质、思想和方法，加深学生对数学的认识。在初中数学教学中引导学生自主变式常常通过不同的角度、不同的层次来探讨同一题目或同一类题目，从中发现不变的数学本质，加深学生对所学数学概念、数学定理、数学思想和数学方法的理解。波利亚还将数学问题的解决看作是寻找已知条件与未知数据之间联系的过程，如果不能使已知条件与未知数据建立起直接的联系，则要借助辅助问题来实现。① 这里所说的"辅助问题"就是数学变式教学中的变式问题或变式题组。

六、弗赖登塔尔的数学教育思想

弗赖登塔尔（H. Freudenthal，1905—1990）是荷兰籍数学家和数学教育家，其主要成就集中在拓扑学和李代数方面。20 世纪 50 年代起，他开始关注数学教育，进行了大量的理论研究和社会活动，在担任国际数学教育委员会主席期间，主持创办了《数学教育研究》杂志。因为他在数学及数学教育方面的巨大贡献，人们将其与几何学家克莱因（Felix Christian Klein，1849—1925）相提并论。弗赖登塔尔的数学教育思想主要体现在《作为教育任务的数学》《除草与播种——数学教育学的序言》《数学结构的教学法现象》三部巨著中。

弗赖登塔尔数学教育思想的产生源于他对数学的认识。他认为，数学是一种系统化、可靠的常识，但是常识并不一定都是数学，只有经过提炼和组织后形成一定的法则才能称之为数学。而"这些法则在高一层的数学当中又成为常识"，并再度提炼和组织，如此不断就实现了数学的升华。②

他还在以往教育家研究的基础上提出，最好的教的方法就是演示，最好的学的方法就是"做"。尽管他自己谦虚地认为自己的提法与夸美纽斯并没有太多的区别，最大的不同在于由重视教转向了重视学，但是这一转变所反映出来的正是教学活动最为本质的改变。他反复地强调"再创造"才是学习数学唯一正确的方法，学生只有在发现或创造中学习、在教师的引导下完成"再创造"，

---

① 刘小利. 浅谈中学数学中的构造法解题［J］. 新课程（中），2014（2）：8.
② 弗赖登塔尔. 作为教学任务的数学［M］. 陈昌平，唐瑞芬，译. 上海：上海教育出版社，1995.

才是真正的学习数学。

他指出，不管是否将数学教学当成一种活动进行分析，都不可能深刻理解数学学习的本质。数学的本质就是"做"。数学学习不应是被动接受的过程，而应该是学生在已有的知识和经验的基础上主动地进行建构的过程。他反对只教"现成的数学"，倡导教"做出来的数学"。因为只有经历"再创造"才能更加持久而准确地理解数学知识。

按照弗赖登塔尔的数学教育思想，在初中数学教学中引导学生自主变式，除了要强调在现实生活的情境当中学习数学之外，还应该突出学生学习的"再创造"。

例如，在教学中遇到方程 $|x|=0$ 时，可以引导学生对以下变式进行自主探究。

变式1：解方程 $|x-2|=0$

变式2：解方程 $|x-2|=1$

变式3：解方程 $|x-2|+|x+3|=0$

变式4：解方程 $|x-2|+(x+4)=0$

学生在对这些变式题组进行自主探究之后，就会在做数学的过程中经历数学"再创造"的过程，对非负数形成更加深刻的理解。在本研究过程中，研究和讨论初中数学教学中引导学生自主变式时也将用到弗赖登塔尔的数学教育思想。

第三章

初中数学中引导学生自主变式的理论研究

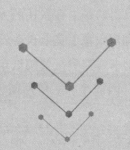

第一节　初中数学的一般特征

本章将以初中数学一般特征的分析为基础，结合数学思维特征、多元表征和自主变式教学理论，提出在初中数学教学中引导学生自主变式的教学设想。

一、对初中数学学习的认识

1. 数学的发展史体现了语言的多样化

初中数学是从不断发展中的数学学科中选择出来的基础内容，虽然知识内容较为简单，但是也体现了深刻的数学思想。教育心理学的研究表明，个体认知的过程必须要遵循人类知识的产生规律。具体到数学教育来说，个体对数学的理解应该大体上遵循数学的发展顺序。波利亚认为数学学习的本质就是从经验里学习①，这里的经验包含数学的探究过程。以代数为例，初中学生对符号代数的认知过程与符号代数的发展过程较为相似，都经历了由自然符号到代数符号的过渡，经历了两种不同的"语言表达"阶段，而这所体现出来的就是数学语言的多样化特征。

王怀权先生在其著作中将数学的发展史分成了四个不同的阶段。

在公元前 5 世纪以前，人们虽然形成了自然数的概念，创造出了简单的计算法，对于简单的几何图形也形成了认识，但是算术与几何并没有明确的界限，对数学问题的分析和解决多采用的是语言叙述的方式，涉及的推理方法较为直观。古埃及的《兰德纸草》和现收藏于莫斯科普希金精细艺术博物馆的《莫斯科纸草》是世界上较早的数学书。其中《兰德纸草》中已经有了十进制、分数计算、一元一次方程、数列、圆周率、三角形面积等数学知识。在这一阶段，

①波利亚. 数学与猜想［M］. 北京：科学出版社，1985：1.

数学经历了一个渐变的发展时期，积累了一些零碎的数学知识。泰勒斯对命题逻辑的证明、毕达哥拉斯学派的"几何化代数"研究也是这一阶段的重要成果。

从公元前5世纪到17世纪为常量数学时期或初等数学时期，出现了算术、几何、代数、三角等主要的数学分支，这些都是现在中学数学教学的主要内容。在这一时期，很多高水平的数学书稿相继出现，并流传至今。如欧几里得的《几何原本》、阿波罗尼的《圆锥曲线》、赫伦的《测量术》、托勒密的《数学汇编》、丢蕃图的《算术》等。特别是欧几里得的几何学、阿基米德的穷竭法和阿波罗尼的圆锥曲线论成为算术、代数和几何形成的重要标志。这一时期，还对分数指数、平面和球面三角学、对数进行了系统的讨论。经历了长达1000多年的探索，初等数学全部形成，并日渐成熟起来。

从17世纪到19世纪为变量数学时期，高等数学中微分、积分、概率论等内容都出现于这一时期。到了17世纪，西方资本主义国家迅速兴起，航海、军事、工业生产等的繁荣推动了科学技术和数学的急速发展，初等数学已经不能满足人们社会实践的需要，于是人们引入了变量与函数的概念，开启了一个全新的时代。最开始是伽利略的实验数学思想，而后是笛卡儿于1637年建立的解析几何。到了1700年，牛顿和莱布尼兹各自独立地创立了微积分。与前面两个阶段相比，这一阶段数学的应用范围更加广泛，研究对象也由"形"转向了"数"，开始了数学科学化的历程，明确地出现了纯粹数学和应用数学。

从19世纪20年代至今称为现代数学时期，康托的"集合论"、柯西等人的"数学分析"、希尔伯特的"公理化体系"、高斯等人的"非欧几何"、伽罗瓦的"抽象代数"以及拓扑学等都是这一时期的理论成果。这一阶段的数学研究成果呈现出了爆炸式的增长，从登载数学研究成果的学术杂志种类看，18世纪有210种，19世纪就增加到了950种；从公开发表的学术论文看，20世纪初每年发表的数学论文数量为1000篇左右，到了1960年仅美国《数学评论》发表的论文摘要就占到了7824篇，1973年达到了20410篇，1979年更是达到了52812

篇。① 数学学科的抽象性、严谨性和应用的广泛性更加突出，每个国家都成立了数学学会，数学教育团体应运而生，数学发展速度越来越快。

从以上所述可以看出，从最初的研究静止状态的常量，到后来的研究运动状态的变量，再到研究物体一般属性抽象特征的集合；从最初的欧几里得几何到解析几何，再到非欧几何学，数学的发展史实际上体现了语言多样化的特点。

哈珀（Harper，1987）的研究表明，学生的数学学习也经历着和数学发展史一样的阶段。学生随着学习的深入、数学知识的丰富和智力的发展，经历了由自然数的计算到用字母表示已知量，再到用字母表示未知量的过程。如果要使初中学生对字母和图形有深刻的理解，需要使学生经历熟练使用数学概念的若干阶段，从中体会由特殊到一般的变化过程。用字母表示量，不再重视对象和运算情境，没有了实际语言的差别，提高了数学应用的广泛性，但也削弱了语言功能，影响了学生对符号含义的把握，不利于理解和应用。这表明，学生学习数学不可能逾越数学发展的阶段。

初中数学的教学内容为初等数学，其产生背景是人类科学技术尚不发达，具有明显的时代特征。在当时的背景下，为了研究和描述自然、社会和生活的规律，必然要用当时可用的语言和符号来表达。初等数学的现实性和语言的多样性是其发展的必由之路。初等数学是一门反映数量关系和事物变化规律的学科，其语言、数字、符号、图像等，无一不是为了全面而丰富地反映事物或现象的特征和内在规律。但是，想更加深刻地抓住事物或现象的本质，更加有效地进行思考和讨论，就必须要用符号来表达和反映各相关量之间的关系。因而，初等数学的研究体现了符号表达与语言、图像、数字等相互支持、相互检验的特点。

同样，初中学生在学习数学时，也要经历由语言图表到字母符号的转变过程，以使其建立起数学抽象结构，领会"以简驭繁"的思想。因此，数学学习是一种语言的多样化的学习。

2. 数学的形式结构体现了模式建构性

初中数学是从初等数学中精选出的对学生发展有利的内容，这些内容仍体

──────────

① 卢介景．数学的三个发展时期——现代数学时期［EB/OL］．http：//www.pep.com.cn/gzsx/rjbgzsx/rjgzsxwd/201008/t20100827_1473253.html？undefined，2010－08－27/2018－09－21.

现了数学的逻辑结构。初中数学学习则应从形式结构上体会数学知识的结构特性。

美国著名数学家麦克莱恩（S. Maclane）认为，数学的发展就是利用经验和直觉来寻找合适的形式结构，而后通过演绎分析使这些结构之间建立形式联系。①代数的研究对象是代数结构，而几何研究的是几何结构，其本质上都是各结构之间的相互关系。

美国数学家斯蒂恩认为，数学是一门模式科学，数学家所寻找的就是数量、空间、科学、计算甚至想象之中存在的模式，数学理论的本质就是对模式间关系的阐述。② 也就是说，数学拥有一个以属性模式的共同特征为基础形成的相对稳定的结构，并在不断地寻找一种新的形式结构。

数学研究对象经历了从静止状态的常量，到运动状态的变量，再到物体一般属性的抽象特征的变化，其研究内容在不断地变化，但是其结构是相对稳定的，结构的构建是绝对的，其最终目的就是追求抽象的形式结构。或者说，数学总是在寻找相对固定的结构模式，并借此来提高人们解决问题的能力。如从"一匹马、一棵树、一条河……"中抽象出了"1"的概念，而后拓展形成了算术；从"1，2.3，$\frac{1}{2}$，3 + 5.56，…"中抽象出了相对稳定的式子，如 x，y，a + y 等，而后发展成为初等代数，又从 m，n，mn，$x - y$ 等代数式中抽象出了线性变换关系，形成了高等数学。由此可以看出，数学的发展就是一个变与不变的矛盾变化的过程。

事实上，现在数学研究文献不断涌现出的算子、拓扑、流形等新概念，所体现的正是一定变换下的不变的性质。在当前的社会背景下，数学与物理、化学、生物学、金融等自然科学和社会科学之间的联系变得更加紧密，研究对象和研究背景极为复杂，但是只要抽象成数学问题，就会变得确定了。其原因就是数学抽象所关注的并不是那些可变性质，而是其中不变的性质，正是这种"不变"使数学变得相对"确定"了。③

---

① 郑毓信. 数学教育哲学 ［M］. 成都：四川教育出版社，2001：59.
② 曾晓新，唐彦芳. 模式论的数学观与模式论的数学教学观 ［J］. 桂林师范高等专科学校学报，1994（2）：64 - 67.
③ 涂荣豹. 数学教学认识论 ［M］. 南京：南京师范大学出版社，2003：89.

初中数学就是初等数学当中的部分"确定"内容，但其形态却体现在了不断变化的材料中，其目的就是让学生通过变化的材料来掌握数学的形式结构发展的特征，就是引导学生自主地去分析、应用、建构和鉴赏，这是初中学生学习数学的必由之路。也就是说，初中数学教学就是让学生在变化的材料中找到不变的结构，主动地完成模式建构，以促进学生数学思维的发展。

笔者以为，初中数学教学，不管是研究现实问题，还是研究抽象问题，本质上都是寻求具有规律的结构，都是为了不断完善学生的理论体系。例如，代数运算就是以算术运算为基础追求一种共性的通法，几何证明就是从特殊的图形关系之间寻找普遍存在的几何规律，都是在寻找结构性的内容。因此，数学学习本质上是以数学结构为基础的思考。

3. 对数学的认识体现了内涵的复杂性

对于数学，不同的人有不同的认识。分析这些认识，结合初中数学的特征和数学教育心理学的观点，可以找出初中数学学习的特征。

对于"什么是数学"或者是对数学本质的认识，是数学教育论的根本问题之一。不同数学哲学家对数学本质的不同认识，体现了数学内涵的复杂性。概括来说，对数学的认识可以分为经验论、唯理论、先验论、形式论、综合论五类。

经验论的代表人物为英国哲学家洛克，他认为，心灵就像一块儿白板，而观念来源于经验。按照他的观点，数学知识都是源于经验的。对于事物的观察、心理内部活动的观察都是理性思维的素材。洛克的这一比喻非常形象，特别注重操作性和机械性。他还把知识分成了直觉知识和理性知识两类。直觉知识是最清晰可行的知识，一看便知，如圆与三角形的区别。理性知识是通过推理、计算之类的活动才能获得的知识，如三角形的内角和是180度就无法凭知觉知道。但是，推理、计算也是要依赖于直觉的，可以说全部的数学知识都源于直觉，这就忽视了人具有的主动性和活力。

唯理论的代表人物为德国数学家莱布尼兹，他持有与洛克完全不同的观点，并将其著作命名为《人类理智新论》。莱布尼兹认为，感觉虽然重要，但并不能给人提供全部的认识。因为无论感觉如何丰富，也难以保证真理的普遍性和必然性。他认为，数学中的许多命题的证明并不需要举例，也不需要感觉的证明，只能依靠天赋。他还将人与动物做了比较，认为动物对事物的判断依据只有经验，只能靠例子来决定自己的行为；人正是利用了动物的这一特点才捕捉到动物的。而单纯地依靠经验的做法就是与动物相似的做法，只有理智的人才不会单纯地依赖经验，而是去分析事件发生的原因，从中找到可靠的规律。他认为："全部算术和全部几何学都是天赋的。"数学只要依靠矛盾原则就可以证明全部算术和几何，数学属于推理真理。

先验论的代表人物为康德。他认识到了唯理论与经验论的片面性，以先验论哲学为指导，从判断分类着手，提出了数学是"先验综合判断"的观点。他认为，人类的一切知识都源于直观，而后生成概念，最后以理念结束。他强调了人的精神力量，认为人的精神具有积极主动性，既能够根据变化的感觉归纳出确定的概念，也能将杂乱的经验梳理成条理清晰的理念。他提出，空间和时间都是纯粹直观的概念，而不是人们感觉到的东西。有了这两个概念，人们就可以分辨出事物的位置关系和先后关系了。康德的这一观点与莱布尼兹的观点具有相似性，但是比莱布尼兹的说法更加深刻。数学是以空间和时间作为研究基础的，既然这个基础是先验的，数学规律必然也是先验的、绝对的和永恒的。康德的这一观点使数学发展呈现出了公理化倾向，大多数数学家开始认为"数学是一门演绎科学"。

形式论是以二次抽象作为基础的，认为对待数学最可行的方法是把它当作是一种形式上的法则。① 形式论的代表人物是希尔伯特。希尔伯特于1895年前后出版了自己的代数数论的总结性巨著，1899年出版了《几何学基础》，1900年提出了实数的公理化的观点，1917年正式提出了公理化思想，1922年提出了数学的新基础和数学的逻辑基础，1925年提出了"无穷"的要领，1928年出版了《理论逻辑纲要》，1930年对初等数学基础和逻辑及对自然的认识做了论述，1934年和1939年与贝纳斯合著了《数学基础Ⅰ》和《数学基础Ⅱ》。从这些著作来看，大部分形式论的观点都是希尔伯特提出的，但是他并不认为形式论是绝对的，其观点中总会发现与唯理论、先验论的共同之处，这种矛盾所反映的正是数学家哲学思想上的矛盾。

对于数学的存在，他认为不应局限于感觉经验。他认为无穷小、无穷大和无穷集合都不存在，但是数学理论中却存在无穷集合，如自然数的集合、线段

---

① M. 克莱因. 数学：确定性的丧失 [M]. 李宏魁，译. 长沙：湖南科学技术出版社，1997：61.

是无穷多点的集合等。这是经验不能直接验证的，称之为"理想元素"。虽然此前数学中就已经出现了虚数、无穷大、无穷小等概念，但这些概念的引入不应带来矛盾。考虑到理想元素无法通过直观经验验证，只能通过逻辑验证，只要不存在矛盾，就是合理的。这里的无矛盾性的观点就是形式论的基本论点。对于理想元素命题真假的判断，没有必要验证每个公式、解释每个概念，而是可以用公理化的方法来进行验证。希尔伯特在《几何学基础》中利用算术模型证明了几何公理的无矛盾性，并将自述公理的无矛盾性列入了他在 1990 年国际数学家大会上提出的 23 个问题中。

综合论是综合了经验论、唯理论、先验论、形式论等的观点，对数学进行了全面的审视和思考。其中最有代表性的观点见于 R. 柯朗（Richard Courant）和 H. 罗宾（Herbert Robbins）合著的《什么是数学》。在该书的序言中是这样来界定数学的："数学，作为人类思维的表达形式，反映了人们积极进取的意志、缜密周详的推理以及对完美境界的追求。它的基本要素是：逻辑和直观、分析和构作、一般性和个别性。虽然不同的传统可以强调不同的侧面，然而正是这些互相对立的力量的相互作用以及它们综合起来的努力才构成了数学科学的生命、用途和它的崇高价值。"① 再如，潘德党从数学的研究对象出发，认为，"数学是研究空间形式和数量关系的科学，是刻画自然规律和社会规律的科学语言和有效工具"。②《科学新闻》杂志社编著的《数学与科技》一书中认为，"数学是以自然问题的解决为核心的、描述现实的手段"。③

初中数学虽然属于初等数学，但是也已经完整地体现了经验论、唯理论、先验论、形式论和综合论五种观点对数学的认识。如代数中不再出现具体的数的运算，取而代之的是具有抽象意义的字母，学生在运算过程中需要更多地借助逻辑思维，这就要求学生实现由小学数学"经验论""先验论"到"唯理论""形式论"的转变，使其更加深刻地认识数学的抽象性。而平面几何知识的学习则是结合旗杆测量、树木高度的估计等生活实际问题，逐步过渡到勾股定理

① ［美］R. 柯朗，H. 罗宾 . 什么是数学［M］. 左平，张饴慈，译 . 上海：复旦大学出版社，2012：1.

② 潘德党 . 谈谈数学本质与数学教育的整合［J］. 福建教育学院学报，2006（12）：7 - 8.

③ ［美］《科学新闻》杂志社（Science News）. 数学与科技［M］. 杜国光，任颂华，任镁，译 . 北京：电子工业出版社，2017：26.

的内容，更是完整地体现了数学内涵的复杂性。因此，在初中数学教学中，应该引导学生避免对数学概念、数学规律机械的死记硬背，注重对数学概念、数学规律的理解和再现，尝试从多角度来认识数学问题，理顺知识内在联系，形成科学、全面地认识事物和分析事物的思维习惯。

在《全日制义务教育数学课程标准（2011年）》中，从知识技能、教学思考、问题解决、情感态度四个方面阐述了课程总目标，并将初中数学的学段目标对应于义务教育第三学段，明确指出要让学生学会数学思考，"通过代数式、方程、不等式、函数等表述数量关系的过程，体会模型的思想，建立符号意识；在研究图形性质和运动、确定物体位置等过程中，进一步发展空间观念；经历借助图形思考问题的过程，初步建立几何直观""经历从不同角度寻求分析问题和解决问题的方法的过程，体验解决问题方法的多样性，掌握分析问题和解决问题的一些基本方法"。①

笔者以为，初中数学就是由数学概念、技能和问题解决组成的有机整体，这个整体内既有代数的运算、几何的证明，也有数学的方法、实际问题的解决。这些内容、思想和方法的掌握，需要将程序性理解和陈述性理解结合起来，并从中体会数学的过程，建立抽象的模式结构。但是，不管是数学概念、数学规律，还是数学过程，都是借助一种"客体"表现出来的。

4. 对数学的研究体现了探究性

初等数学是科学的数学，是一种模式的科学。初中数学从经历（具体对象或过程）出发，在对知识进行抽象、概括和符号化之后形成数学概念、规律和命题。因而，从总体上看，数学就是由语言、方法、命题组成的集合。对于初等数学来说，其特征表现为以下几个方面：

（1）研究对象具有现实性。19世纪，恩格斯给数学的定义是：以现实世界的数量关系和空间形式作为研究对象的科学。当时数学研究的目的都是为了解决现实问题，恰好是由初等数学向高等数学转化的时期，因而该定义是初等数学最好的概括。在初等数学中，数学需要将现实问题转化为方程或图形，而后通过求解方程或几何推演进行研究。可以说，初等数学的内容均源于现实生活的模型，是对现实生活的简单反映。这就是初等数学研究对象的现实性。

① 中华人民共和国教育部. 义务教育数学课程标准 ［M］. 北京：北京师范大学出版社，2012：14.

（2）研究语言具有多样性。初等数学产生于人类科技尚不发达的阶段，具有明显的时代特征。对自然和生活的描述，总是要借助当时可用的语言和符号来实现。初等数学的现实性决定了其语言表达的多样性。初等数学是反映事物量和形的学科，可以借助语言、符号、数字、图形等各种方法来描述研究对象的特征及其变化规律，但是要把握事物的本质，则需要以科学研究为基础，提高思维的有效性，需要用符号的形式来反映数量关系。在初等数学的研究过程中，符号表达的逻辑形式是以其他表达方式作为支撑的。因此初等数学的研究语言具有多样性的特点。

（3）研究方法具有程序性。初等数学是以算术运算为基础发展起来的，是关于数字与代替数字的字母的运算、简单几何图形的推演的研究。为了解决现实问题，有时需要把现实问题转化为方程、函数或几何问题，而后对方程、函数或几何问题求解，检验正确后即成为实际问题的解。这一过程就体现出了初等数学研究方法的程序性。在运算过程中，需要以运算规则为基础，实现从一种表达方式向另一种表达方式的过渡，这里所体现的也是一种操作程序。不管是由具体到抽象，由复杂到简洁，还是由无序到有序，都是为了发现数学规律，都是在进行一种有序操作。因此，初等数学的研究方法具有程序性的特点。

（4）研究内容具有结构性。初等数学的研究总是表现为一种模式结构。不管是现实问题的研究，还是数学本身的发展，都是在寻求一种规律性的结构，都是在实现理论的不断完善。以代数运算为例，代数运算是以算术运算为基础寻求一种共性的通法，而不是以一定规则为指导寻求一种结果。这就体现了以结构思想为指导，探求问题的一般解法的总体思路，研究目的是结构性的内容。因此，初等数学的研究内容具有结构性。

综合以上四个特点可以发现，初等数学是一种以现实模型为基础的科学研究。

二、初中数学教学特征分析

对初中数学教学特征的分析是为了找到初中数学有效教学的逻辑起点，进而找出初中数学教学的应有特征。

1. 初中数学学习的本质

初中数学学习首先是人类的学习。建构主义学习观认为，学生的学习并非全部由教师传授完成，而是以已有的经验和新知识的相互作用为基础的自主建构的过程。初中数学学习就是学生借助自己日常生活中积累的经验，主动地寻找有效的学习方法，在与同伴的交流合作中不断获得成功体验，体会数学知识的意义。

（1）初中数学学习是数学的学习。数学学科具有独特的逻辑结构和知识体系，现有的学科体系中已经人为地删去了原有的探究和发现的过程，而这一探究过程正是学生学习数学所必须经历的。初中学生学习数学需要经历类似于数学家的探究过程，需要经历发现问题、研究问题和解决问题的过程，借此来实现思维能力和创新能力的提高，进而更为有效地学习数学。

（2）初中数学学习是符号的学习。初中数学具有独立的符号体系，理解符号意义，掌握符号操作，了解符号表达结构，是学好数学的前提。符号是抽象的，符号体系本身就是一个运算系统。理解和应用符号，必须以数学的思维作为基础。符号的意义源于与其对应的语言、图像、数字等其他表征。由此可见，数学符号的学习需要以思维训练和其他表征的学习作为基础。

初中数学学习的目的就是掌握数学知识、数学技能，学会解决现实问题。实现这一目的最好的方法就是学会用数学思考，即从具体的材料中抽象出数学概念和模型，以此为思考和操作，形成更加抽象的结构性对象。只有学会了思考，才能抓住数学的本质。以数学内容为载体，增强学生的数学思维能力，便是初中数学学习的本质。

2. 初中数学教学分析

（1）初中数学教学应该是"双基"的教学。从初中数学的教学内容可以看出，知识掌握不牢，就会影响学生对数学本质的理解；数学技能训练不够，就会影响数学问题的解决，甚至影响数学概念的形成和模式结构的认识。我国传统的数学教学证明，知识的掌握必须以必要的训练为基础。扎实的基本功、丰富的知识经验，永远是学好数学的前提条件。

（2）初中数学教学应该是思维的教学。不管是学习数学知识，还是掌握数学技能，只要是理解不了数学的本质就不能说是高效的教学。只有使学生掌握了抽象概括、归纳类比、综合分析等数学思维方法，才能说是让学生深刻地理解了数学，学会了数学的思维方法。数学教学的本质就是由具体到抽象，再由抽象到具体的过程，需要学生在分析丰富的背景材料的基础上形成数学概念和数学技能，需要学生结合具体的问题，以抽象分析为手段，找到数学的本质特征。

（3）初中数学教学应该体现出较强的互动性。建构主义的教学观指出，有效教学的基础是创设民主和谐的教学氛围、充分的师生互动和相互启发。在这一过程中知识信息得到了最大限度的发挥，学生的认知结构不断地生成和完善。

初中数学的教学目的，本质上是使学生掌握知识和技能，学会解决实际问题。要实现这一目的，最好的方法就是以思维训练为基础开展数学教学。也就是说，初中数学教学要为学生创设互动的教学情境，让学生在由浅入深、循序渐进的讨论和分析中获得思维能力和创新能力的提高。

3. 初中数学教学实施分析

实施数学教学的前提是对学生、教材和教学环境的充分分析。分析学生的学习基础、设计合适的教学问题、引导学生思考讨论等都是具体的教学策略，但是具体操作中还要注意数学的思维特征和传统文化特点。最为主要的是以下几点：

（1）突出"四基"。在数学教学过程中，"四基"指的是基本知识、基本技能、基本思想和基本经验，这四个方面相互作用、相互影响。其中，基本知识和基本技能是我国传统教学当中的"双基"目标，其有效的操作方法就是传统的变式教学；而基本思想和基本经验是新课程提出的新的教学目标，其实现对传统的变式教学进行改革和创新。

（2）强化表征教学。基本思想既是"四基"的核心，也是数学学习的核心。要想达到使学生不断深入理解数学特定的模式结构的目的，必然要将数学思维或者说是数学思想作为载体。而多元表征正是促进数学思维发展最为有效的工具。因此，在数学教学中，应该引导学生努力进行新的尝试和探索，尝试对所学的数学进行多元化的表征，以提高教学的有效性。

（3）突出模式。数学学习的目标就是发展学生的数学思维能力，培养学生的创新意识。多元化的表征有助于学生更好地理解数学概念，更好地解决数学问题。数学模式结构是理解数学概念和解决数学问题最为核心的内容，多元化的表征是教学手段，模式结构是教学目标。数学教学自然应该坚持结构模式导向，借助多元表征，激发学生的认知，引导学生更好地理解数学，使学生形成更强的创造力，主动地通过体验来实现数学模式结构的创新。

（4）突出学生主体地位。不管是哪个学科的教学，要想获得成功，都必须引导学生积极参与到教学活动当中。为此，教师应该注意营造教学氛围，注意问题情境的创设，为学生提供参与教学活动的机会，为有效实施教学提供充分条件；学生利用自己所学的知识，自主参与数学教学活动，为提高教学的有效性提供必要条件；教师依据初中生活泼好动、好奇心强、喜欢表现和探究的特点，为学生提供小组讨论、相互合作、公平竞争的机会，激发学生"我要学"的内在学习欲望，实现教师教与学生学的共鸣。

由此可见，有效的教学是以学生的学习特征和认知规律为基础的，将数学思维与多元化的表征结合起来，将有助于学生更好地理解数学的本质。在多元化表征的基础上，以引导学生自主变式作为指导思想，组织进行教学设计和教学活动，应该是初中数学教学的一个新的探索方向。

第二节 核心概念界定

一、变式

在王焕勋主编的《实用教育大辞典》中，对于变式的解释是这样的：变式是引导学生准确掌握概念的教学方法之一，主要是引导学生从不同的方面、角度和情况来认识某一事物，进而归纳出物体的一般属性。① 在数学概念的教学过程中，最常用的方法就是保持本质属性不变，而不断变化非本质的属性，以使学生更确切地掌握数学概念。有时，也会给学生提供一些非本质特征相同或相似的事例，突出本质重要方面。总之，变式的正确使用将会使学生扩大对概念外延的理解，避免出现概念混淆的现象。

二、变式教学

传统的变式教学主要是为了帮助学生掌握概念。在《教育大辞典》中对"教学变式"的解释是：通过呈现形式不同的直观材料或事例，突出事物的本质，或以变换事物非本质特征的方式来突出事物本质特征的教学方法。变式教学的目的就是使学生抓住事物的本质特征和非本质特征，进而形成科学的概念。在传统教学当中，变式教学包括两种，一是概念变式，也称之为概念外延集合的变式，该类变式以教学作用为依据分为标准变式和非标准变式两类；二是非概念外延集合，也称之为非概念变式，举反例就是最为常用的非概念变式之一。不管是概念变式教学，还是非概念变式教学，其目的都是为了使学生全面地理解所学的概念。

1981 年，顾泠沅提出，在几何教学中演变图形具有直观的教学效果和重要

---

① 聂必凯. 数学变式教学的探索性研究 [D]. 上海：华东师范大学，2004.

的心理意义，并以此为依据将变式教学分为概念性变式教学和过程性变式教学，这就扩大了变式教学的内涵。所谓的过程性变式教学就是指在动态的数学教学过程中，通过变式有层次地推进教学活动，引导学生通过分步解题积累起丰富的活动经验。过程性变式教学的主要作用如下。

1. 有助于概念的形成

对于借助一系列的过程不断发展而成的概念，概念性变式教学所起到的作用仅限于使学生完成概念的区分，并不能真正理解概念的本质。而如果采用过程性变式教学，则会使学生经历概念形成的过程，建立起完整的概念图式。

2. 可为问题的解决做铺垫

解决数学问题的核心思路就是将需要解决的问题逐渐化归为自己已经解决过的问题，将复杂的数学问题分解成一系列简单的数学问题。利用过程性变式教学，可为教师引导学生解决问题、完成化归做好铺垫。学生学习数学的过程，也会因为经历了一系列的变式问题的讨论而变得更加丰富多彩。

3. 可形成特定的经验系统

借助过程性变式教学，可以使学生体会到层次更加丰富多样的数学活动。每一个数学活动都包含着若干个过程性变式，这些变式的化归和分析，就要涉及一系列层次分明的经验。学生经历这一系列经验，主要解决以下三个重要问题：

一是借助条件或结论的变化，改变初始问题，实现初始问题的拓展，使初始问题更加多样化。

二是通过同一问题的不同解决过程形成一个问题的多种解法，将不同的解题方法联系起来，实现一题多解。

三是利用同一方法解决不同的数学问题，做到多题一解。

此外，顾泠沅还提出了"潜在距离"的概念。潜在距离就是学生已有的知识与所要学习的知识之间存在的差距。只有抓住了数学知识的核心，找准了知识的固着点，做到了最有效的迁移，才能缩短"潜在距离"，甚至使学生的思想提前发生转变。

三、自主变式

所谓的"自主变式"指的是教师展示完源问题变式的产生与解题方法后，

引导学生明了教师逐步设计变式的目的、途径和方法，发现不同变式之间的联系。以此为基础，学生以源问题的分析和解决为基础，主动地变换角度、层次和方式，通过变换问题的条件或结论，转换问题的内容或形式，实现对数学问题的深度讨论，形成价值更高的新问题和更加有效的解决问题的方法，从不断变化的问题中找到不变的数学本质。这样的教学将会使学生形成深刻理解数学知识的本质，克服静止、孤立、片面地看待数学问题的不良习惯，形成较强的应变能力。与其他变式相比，自主变式更有助于学生实现潜能的挖掘和个性的张扬，更好地实现多元化发展。

第三节　变式教学的学习理论和教学理论基础

在我国数学教学过程中，变式教学由来已久，但是对于变式教学的理论分析少有人问津。在此，笔者就以现有研究为基础，介绍一下变式教学的学习理论基础和教学理论基础。

一、有意义的学习理论和变式教学

我国传统的数学教学重在传授知识，坚持的是构造和完善数学知识结构的基本价值取向。因而应该从奥苏贝尔的有意义学习理论出发，来讨论和分析变式教学。奥苏贝尔认为，形成有意义的学习需要三个条件：一是学习材料要有逻辑意义，二是学生具有建立新旧知识之间联系的心理倾向，三是学生已经具有了与新知识相关的知识准备。具备了上述三个条件，新旧知识之间才能形成非人为的、实质性的联系。因而，奥苏贝尔的有意义学习可归纳为：语言文字符号所代表的新知识与学习者认知结构中已有的适当观念建立非人为的和实质性的联系。

这里实质性的联系是指学生认知结构中已有的知识与新知识之间具有某种联系。要产生有意义的学习，最为关键的是新知识与学生已学知识之间具有实质性的联系。想要引导学生建立这种非人为的实质性的联系，教师就要在教学过程中，注意激发学生学习的主动性，让学生积极地参与到教学活动中，这样他们才能学得更加扎实。从教学实践来看，以同化机制为基础的有意义的学习可以使学生获得真正的知识，这种知识是有心理意义的，是融入浓重的知识结构中的，是可以自由提取、灵活应用的，学生的认知结构会因为这种知识的不断增加而不断重新组织。

变式教学可以推动有意义学习的产生。借助变式，不断变换知识的特征，使新知识与学生已有知识之间密切联系起来，以变换为手段突出知识的本质属性，可以使学生从多个角度，全面地理解新知识，加速知识的正迁移。由此可见，变式教学有助于不同知识之间相互联系的建立，有助于学生形成不断精细化的、融会贯通的数学认知结构。借助变式可以使学生不断地评估自己对新知识的理解程度。例如，在教学中可以围绕抛物线的知识设计一系列的变式，通过一般式和顶点式的变换来突出抛物线的本质属性。如果学生并没有对抛物线的知识形成清晰的认识，在解决变式问题时就难以摆脱非本质属性的干扰。这说明，经过变式之后的有意义的学习是科学的、活泼的和高效的。在变式教学中必须要以学生的有意义学习为落脚点，这一点在教学过程中要特别注意。

二、变异理论与变式教学

变异理论的基础是鉴别和差异。根据变异教学理论，有效的分辨是学习的前提，变异的存在是有效分辨的前提，因此，在学习过程中变异是最重要的前提条件。

变式教学所要解决的就是变异如何发生的问题。变式教学过程中，通过呈现变式题目，引导学生自主地实现思维变式，可以构建出一个变异空间。根据变异理论，有了差异化的认识，就会产生鉴别，学习活动也就产生了。

比较变式教学和变异教学理论可以发现，变异教学理论实际上是一种学习理论，所阐述的是适当的变异体验是产生学习的必要前提；而变式教学是一种教学理论，是从教学实践方面对变异的重要性进行分析的。因而，变异教学理论是在实践中落实变式教学的理论依据。

三、智慧技能层级论与变式教学

美国心理学家加涅认为，智慧技能包括五类。

（1）辨别——找出事物之间的不同点，如找出字母 b，d，p，q 之间的区别。

（2）具体概念——分辨具有共同特征的物体，如大小、厚薄、颜色、图案不同的书都属于书的范畴。

（3）定义性概念——利用概念定义把事物分为若干类别，如将 2，3，5，…归入质数的范畴当中，把 4，6，9，…归入合数的范畴当中。

（4）规则——利用规则进行计算或解决实际问题，如利用绝对值的几何意

义来求 – 18 到原点的距离。

（5）高级规则——同时利用多条规则来解决实际问题。

加涅还指出，五种智慧技能的学习具有层次关系。具体概念的学习以知觉辨别作为先决条件，定义性概念的学习以具体概念学习为先决条件，规则学习以定义性概念为先决条件，高级规则学习以简单规则学习为先决条件。这就形成了加涅智慧技能层级理论最为核心的内容。

由此可见，在教学过程中，教师在设计教学任务时，要在学习复杂内容之前安排简单内容的学习，坚持循序渐进的教学原则，切不可跨度过大，否则学生会因为认知准备不足而出现学习困难。从变式教学的来看，教学中应该以较为简单的问题作为切入点，通过变式链一步步地靠近最终要解决的问题。如此系列化的变式就为学生学习复杂内容、解决学习困难做了最必要的铺垫。同时，学生将形成充足的认知准备，认知难度大为减小，更容易获得教学的成功。

四、随机进入教学理论和变式教学

随机进入教学也称为随机通达教学，是斯皮罗等人以构建主义理论为基础建立的适用于高级学习的教学理论。一方面，因为知识的复杂性和实例的差异性，学生在遇到实际问题时，总会遗漏问题的一些特征，但是这些特征可能是非常重要的；另一方面，因为知识背景、认知方式和意义表征的不同，学生在解决问题时，选择的入手点可能不同，形成的理解也可能不同。

随机进入教学遵循五个教学原则：一是在教学活动中，学习者要完成知识的多元表征；二是在教学设计中要做到概念与案例的交叉，要通过多个实例来让学生理解复杂的知识，通过多个实例分析来展示抽象概念的细微变化；三是呈现给学生的学习材料不宜过于简单；四是情境和案例应该贯穿教学全过程，学生应该主动地完成知识的建构；五是学习材料的内容应该是高度联系的整体。

随机进入教学需要在不同的时间多次呈现同一学习内容，但是每次呈现时都要因教学目的的不同而呈现出不同的教学情境。也就是说，每次呈现的教学情境重在突出知识的不同侧面，而不是简单的重复。这就要求在教学过程中注意到每个概念的变式，充分展示与之对应的概念原理。这实际上就是《标准》当中所提到的"螺旋式上升"。这样的教学安排将会使学生对知识的理解达到新的高度。事实上，变式教学正是通过多种变式来使学生完成意义建构，全方位、多角度地认识和理解数学知识的。

五、最近发展区理论和变式教学

最近发展区理论是由苏联教育家维果茨基提出的。他认为，儿童的智力发展具有两种水平：一是已经达到的发展水平，二是可能达到的发展水平。而处于这两个水平之间的则是最近发展区。在教学过程中，最近发展区就是学生已经达到的水平与教学目标之间的差距。教学设计就是使教学活动始终处于学生的最近发展区之内。

从变式教学的角度来看，如果学生独立解决数学问题时具有较大的困难，教师就需要根据学生已有的认知水平，为其设计逐步递进的变式，使学生从自己熟悉的问题出发，以要解决的问题为目标，不断地前进，不断地从已有水平向潜在水平发展。而学生在解决问题的过程中看到成功和希望后，就会拥有更强的学习动力，学习目标更加明确。

第四节　关于初中数学教学中引导学生自主变式的教学设想

一、初中数学思维

东北师范大学史宁中教授认为，数学基本思想包括抽象、推理、模型三个核心要素。Randall I. Charles 则认为，代数当中的核心思想包括数、运算方法和关系、性质、比例、等价、比较、变量、模式、关系和函数、方程和不等式等。①数学思维具体表现为将现实问题抽象为数学问题、用数学符号表征和分析数学问题结构、用数学模式表征和分析数学问题。笔者对数学思维的看法有以下几点。

1. 数学思维表现形式是符号操作

（1）多元化的表征使数学与生活建立了一一对应的关系，并具体化为符号或由符号组成的方程、不等式、函数等。例如，把语言表示的例题用符号表征出来，将"三个相邻的偶数的乘积等于192"表示为 $[2(n-1)](2n)[2(n+1)]=192$，或者把题目中的条件归纳成"已知"和"求证"，或用符号来表征题目分析过程和结果。

（2）表征变换体现了各种表征之间的等价转化，如代数式赋值、化简和恒等变形、解方程、换元等。

（3）表征理解就是要找出数学符号和表达式所表示的数学结构、实际模型和现实意义。如 $|a|=8$ 可理解为到数轴的原点的距离为 8 的点，一次函数的图像对应一条直线，$x^2+y^2=4$ 的图像对应直径为 2 的圆。布斯认为，熟练应用

---

① 曹一鸣，王竹婷. 数学"核心思想"代数思维教学研究 [J] . 数学教育学报，2007（2）：8－11.

数学符号必须以对数学运算和关系结构的理解为基础。换言之，数学符号的运算必须要注意各种表征的本质含义。

2. 数学思维的本质是推理

（1）初中数学实现了由数值运算到符号运算、由几何计算到几何证明的推广，正是这一变化使数学的研究对象由具体的数学计算转化成符号运算规则的应用。如想解不等式 $ax-b>c$，首先要做的就是将其变形为 $ax>b+c$，这里"b"的符号操作就是一种推理过程，就是数学规则推理的具体表现。

（2）数学是一种句法导向的形式操作。"句法导向"的本质就是推理规则，这在初中数学中是随处可见的。如"负负得正""除以一个数等于乘以这个数的倒数"等。这些规则所反映的就是同一对象的不同表征之间的转化规则。

（3）数学思维就是一种纯粹的数学能力，无论是以直观为特征的几何推理，还是以代数规则为依据的代数推理，都有助于学生系统地掌握数学表征，进而形成高水平的数学思维。

3. 数学思维是理想化的建模活动

（1）新的数学概念都是产生于实际问题或者已有数学概念的。新的数学概念的产生首先要做的就是用一般语言来表征实际情境，再将之转化成为数学符号；或者以规则推理为基础，从已有的符号出发推理形成新的数学符号。在此过程中，学生具备对不同表征之间转化的能力，具备对同级表征之间关系的理解能力。

（2）借助数学知识和数学方法实现实际问题到数学符号表征的转化。在解决实际问题时，学生需要借助自己已经掌握的数学方法和知识背景，将实际问题转化为数学符号，并选择最为恰当的表征形式，更好地解答数学问题，并做出检验。在这些过程中，学生的操作并不是纯粹的表征符号的形式操作，而是要求透彻理解不同的表征，做到灵活应用。利用不同的表征来描述同一问题，可以促进学生思维的发散，提高学生建模的兴趣，促进其创新意识和实践能力的提高。

因此，有效地组织数学建模活动的基础和前提是多元表征的应用和转换。

4. 数学思维的核心是一般化

任何学习都要经历由具体到抽象的过程，只有经历了这一过程才能更好地把握学习内容中蕴藏的学习规律。在数学学习过程中，学生从生活实际或数学学科本身出发，借助思考和推理，扩大原有的知识体系，形成更加抽象的概括的模式结构，实现一般化。实现这个一般化过程的前提是对问题的数学本质和多元表征的理解，并以此为基础实现表征的升级转换，最终形成抽象表征和数学的一般化思想。

5. 数学思维是推理技能

数学思维可以分为三个基本类别，即解决问题的技能、问题表征技能和数学推理技能。解决问题技能的本质是问题解决策略工具包，包括猜测、列清单、建模型、检查等。问题表征技能就是利用数学信息实现问题的多元表征的能力。数学知识的展示形式是不同的，包括可视的（如图形、图像、图表）、数字的（如清单、表格）、符号和口头表达等形式。一般来说，数学探索会同时包括多个表征，每个表征都有助于思想的呈现，而创造表征和解释表征所体现的就是学生的数学思维。归纳推理和演绎推理都属于数学推理技能，其中归纳推理是以特定案例为对象形成的定义模式和对模式间关系的考查，其本质是对所学知识的观念性的表征；演绎推理是在对问题结构分析的基础上，经过数学推导而形成的新的结论，往往表现为数学表征链，其本质是以数学规则为基础的形式推理。因而，掌握数学思维技能需要对学生进行不同类型和不同层次的表征训练。

二、初中数学的多元表征学习

形成数学概念或命题的基础是内容特征。多元表征就像是初中数学学习的催化剂，可以使逻辑思维的指导作用得到更好的发挥，加速数学知识的形成，促进学生数学思维能力和创新思维的发展。

英国人韬尔（Tall）系统地分析了数学认知特征，认为数学理论都是在对环境的感知和行动的基础上反思与抽象形成的。例如，计数的本质就是现实世界的符号化，对其做进一步的一般化就是算法和代数；再在感知和行动的基础上不断地抽象和反思，就会得到形式化的定义和证明，形成公理化的数学。因而，行动或经验是形成数学知识的基础，反思是推动数学知识抽象化和形式化的动力。

韬尔还通过引入压缩的概念，阐述了代数学习的核心部分。他认为，在代数学习过程中，应该将注意力放在重要信息上，尽可能减少不必要的细节上的干扰，抓住其中最基本的认知成分，把复杂的问题分解成一系列自己可以解决的问题，尽可能地减少解决问题所需的时间。由此可见，这里的"压缩"并不等同于物理空间的压缩，而是从一个认知成分出发，借助不同认知成分的联系快速地认知其他认知成分的过程。也就是说，韬尔所说的"压缩"是一种数学思维。

对于数学学习来说，最基本的概念就是数学过程和数学概念。所有的数学符号都同时具有过程和概念的意义，可以称为过程性概念。数学学习的对象就是一个又一个的过程性概念。韬尔认为，从本质上看，初等数学中的过程性概念就是由数学对象、数学对象的产生过程、数学对象及产生过程的表征符号三者形成的复合体。从理论上来看，数学过程性概念都是由对数学概念的操作开始，从程序过渡到过程而形成的。首先，学生需要反复不断地用同一个公式、法则或公理来分析和解决常规性的问题，当学生熟练之后就可以掌握解题的一般过程，形成解题的过程表征。在此过程中，学生通过灵活地在不同的程序表征之间转换实现了解题效率的提高。而过程表征的"压缩"和符号化就形成了抽象概念，学生意识到这一点后就能快速而有效地实现类属问题或概念的操作。因而，数学学习不仅是操作概念，而且还需要借助压缩和反思完成过程性概念的抽象，提高数学知识和数学思维的符号化程度。

过程性概念的形成离不开对过程对象的抽象。在初等数学中，现实世界是概念的直接来源，但并不等于数学概念就是自然概念。韬尔认为，代数概念的形成需要经过由操作程序到静止对象的过程，几何概念的形成需要经历空间物体及其位置关系的抽象过程。这就是初中数学学习的显著特征。

对于"压缩"的过程，A. Sfard 进一步细化成了内化、凝聚和客体化三个环节。对于数学学习来说，内化与凝聚是必要准备，需要完成的是借助思维方式在头脑中形成与压缩过程相对应的心理表征，而后将其分解成若干小的表象单元，在此基础上从整体上描述和反思数学过程，分析其性质，并不涉及具体的运算和模式结构的提炼。客体化则对应的是质的变化，或者说是对已经熟知的事件进行再认识，实现动态过程向静止对象的转变，把数学概念融入概念网络中。

数学概念或命题的形成可以进一步地理解成由心理意象向形式定义发展的

过程。在此过程中,与心理表征(内部语言)相对应的是具体事物和操作,与凝聚(过程反思)相对应的是思维加工,与外部语言相对应的则是具体解释或外在表征。

由此可以看出,丰富的心理意象、高效的加工过程、全面而深刻的抽象反思、精致的结构模式等必然有助于数学概念的理解和数学问题的解决。而以多元表征为基础,引导学生自主变式的初中数学学习,可以推动以上诸环节高效、顺畅的运行。

1. **以多元表征为基础引导学生自主变式,有助于学生心理意象的丰富**

学习数学知识时,为学生呈现与学习相关的多元表征,如背景表征、图像表征、符号表征、操作表征等,引导学生完成对学习内容的多角度、多层次的理解,形成心理意象,更加全面地认识数学概念和问题的性质,激活学生已经拥有的相关认知结构,将数学过程变成学生容易理解、便于操作的过程,为有效开展数学过程奠定良好的基础。

2. **以多元表征为基础引导学生自主变式,有助于促进"过程"内化**

数学知识的形成与教师的多元表征呈现和学生的多元表征建构具有密切联系:一是可以使学生的错误表征得到纠正,二是可以实现由教师的表征呈现向学生的表征转化。以多元表征的联系为基础,引导学生自主变式,让学生排除非重要细节的干扰,建立反映数学实质的心理意象,对数学知识的本质形成清晰的认识,有助于学生更好地把握数学过程,形成更加顺畅的数学思维。

3. **以多元表征为基础,引导学生自主变式,有助于形成精致的结构凝聚**

提炼数学知识本质的基础是实现不同表征之间的相互转化。理解对不同操作表征的转化,有助于学生通过思维操作,完成数学对象的归纳和概括,从整体上把握数学知识的本质,全面地认识要素结构,形成全局性的模式结构。以多元表征为基础,引导学生自主变式,会实现由程序性知识到结构性知识的转变,突显出心理意象中蕴含的形式化知识,推动学生的思维上升到更高的层次,数学认知结构变得更加精致。

4. **以多元表征为基础,引导学生自主变式,有助于学生认知结构的形成**

在学生理解和应用数学知识时,以多元表征为基础,自主变式将会使学生形成立体的心理意象,从而更加科学合理地解释数学概念的对象。这种以多元表征为基础,引导学生自主变式的做法,有助于学生的反思抽象,有助于学生更加深刻地理解数学知识之间的联系，有助于认知对象实现"客体化"，为解决问题策略的形成奠定基础。

如上所述，初中数学学习就是操作数学对象，不断地简缩和反思操作过程，使程序性理解和陈述性理解形成网络，不断地深化学生对过程性知识的理解，建立起抽象的模式结构，而后形成灵活的数学问题解决策略。不管是数学对象的表征，还是数学过程的表征，其凭借物都是直观的或者内隐的"客体"（多元表征）。

三、以多元表征为基础的初中数学学生自主变式教学的实施

以多元表征为基础，引导学生自主变式有助于数学学习。但是如何形成有利于数学学习的多元表征，如何引导学生自主思考、自主变式，如何找到更加丰富的数学学习的心理意象，如何灵活地完成数学对象的操作、压缩和理解呢？前面已经提到，以变式为基础的多元表征将使学生更加灵活地学习数学。这是因为，学生自主变式会形成类型更加丰富的多元表征，形成积极的心理意象，获得不同维度的变式，强化多元表征之间的联系。在此基础上不管是数学过程的内化，还是多元表征之间的转化，抑或是数学知识结构的形成，都变得相对容易起来。以多元表征为基础，引导学生自主变式，将会使学生对数学对象的内在关系进行深刻反思，形成与数学知识相对应的科学的心理表征。因此，以多元表征为基础，引导学生自主变式，是遵循数学学习规律的有效方式。在教学实践中应该注意以下几点。

1. 以学生思维为核心，设置问题变式

以多元表征为基础，引导学生自主变式的教学目的就是促进学生数学思维能力和创新思维的发展。想要有效利用多元表征，最好的方法就是引导学生自主地参与到变式教学中。如前面所述，学生借助变式问题将会积极地参与并形成多元表征。与来自教师的变式相比，学生自主形成的变式问题更符合学生的认知需求和认知规律。但是，教师应该注意从中筛选一些具有启发性和挑战性的变式，以便激发学生思考和探究的主动性。

2. 以多元表征为基础，引导学生自主变式，有助于学生自主学习能力的提高

在教学中，探究数学学习对象时，因为生活经验和对数学理解的不足，学生在分析数学对象的背景表征、图像表征、语言表征、操作表征和符号表征时，

不可避免地要出现一些缺陷和不足。这时教师应该引导学生从不同的维度出发重新生成变式，使其多元表征不断地得到优化。在此过程中，学生实际上所做的就是对数学问题的探究，尝试着用数学的方式来理解和思考实际问题。这将会不断增强学生的自主学习能力。

3. 以多元表征为基础，引导学生自主变式，有助于模式结构的分化

在形成数学概念或解决数学问题时，由于知识经验水平的限制，学生不可能在短时间内达到教师所提出的多元化表征的要求。在教学中，教师应该强化对学生的引导，必要时可以为其提供表征案例作为参考。在学生自主进行多元表征变式时，应该引导其探讨和分析不同表征之间的联系，理解不同表征的意义，建立由多元化表征形成的整体，并形成与自己的认知水平相符的表征。这样的自主变式，将会实现由教师多元表征向学生多元表征的转化，快速优化学生的心理意象，进而形成对应的模式结构。

4. 以多元表征为基础，引导学生自主变式，有助于实现"四基"目标

数学教学的基本知识、基本思想、基本方法和基本经验即为初中数学教学的"四基"。这四个方面相互作用、相互影响、互为目的、互为手段。基本知识和基本方法是显性任务，需要进行操作训练；基本思想和基本经验则是隐性任务，需要学生经历类似于数学家的研究[①]，这在当前的教学时间限制下困难较多。安排学生对数学概念、规律和问题的解决，提供多元表征和对应的变式，可以与现实生活中的数学知识两相印证，建立起对应的心理意象和心智图像。

由此看来，以多元表征为基础，引导学生自主变式的初中数学教学的中心思想就是：通过变式教学引导学生由学生表征向教学表征的转化，需要经历由"不平衡"和"平衡"组成的互动式发展过程。

还应该看到，以多元表征为基础，引导学生自主变式的核心思想是：让学生在自主变式的过程中，注意到语言的多样化和数学知识的结构化，实现由直观经验思维向抽象演绎形的转化。在此过程中，既要注意到初中学生活泼好动、思维灵敏，也要提升其对认知和情感的深层次认识，有助于学生数学思维能力和创新能力的发展。

---

① 李静. 基于多元表征的初中代数变式教学研究［D］. 重庆：西南大学，2011.

第四章

在初中数学教学中引导学生自主变式教学模型的建立

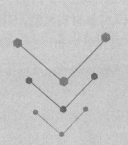

在前面以多元表征为基础，引导学生自主变式的理论分析的基础上，可构建出初中数学教学中引导学生自主变式教学模式，并对该教学模式的合理性做出分析，找出以多元表征为基础引导学生自主变式教学的特征。

第一节　以自主变式为目的的教学模型

一、模式设计

以前面以多元表征为基础的数学自主变式教学的理论分析为基础，根据数学知识的发生、发展过程和常规教学程序，可以构建出如图 4－1 所示的以自主变式为目的的教学模型。

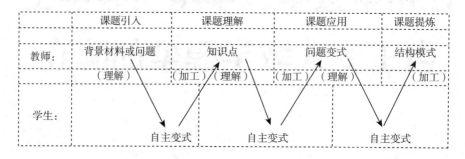

图 4－1　以自主变式为目的的教学模型

1. 课题引入

在引入课题时，教师应该从背景材料出发，引导学生产生强烈的学习动机，引导他们以背景材料为核心，展开思考和讨论，借助原有的知识经验，完成背景材料的多元表征，并对其变式进行探究，进而形成概念和技能模型。

2. 课题理解

引导学生理解课题的基础应该是学生原有的知识经验。通过引导学生对所学的知识点进行多元表征、变式讨论，实现知觉性理解或表层理解，而后结合问题变式来形成理解认识，增强对知识应用价值的感悟。

3. 课题应用

教师以所学知识点为核心，引导学生利用变式问题链，完成知识的多元表征，进而形成分析问题、解决问题的能力，建立起与之相对应的完善的表征体系。

4. 课题提炼

数学教学并不是以变式问题的解决为主要教学目的的，掌握知识和问题的多元表征及其变式才是隐藏于教学过程之中的主要的教学目的，实现这一目的将有助于学生学会数学思考。学生在自己已有的知识经验的基础上，对问题的多元表征及对应变式进行讨论，对问题解决的过程进行加工抽象形成结构模式，就能够从深层次上理解和把握知识点。

二、教学模型图解

以自主变式为目的的教学模型是建立在现有的变式教学和问题变式的相关研究的基础上的。由郑毓信的变式教学理论可知，变式教学包括过程性概念变式和过程性问题变式两大类。

在图 4 - 2 的模型中，贯穿教学全过程的是背景材料 A 及对应的变式，因为外在关系或内在结构发生了变化而具有了不同的功能，引导学生以原有知识经验为基础展开思考和讨论，生成新知识。在知识发展阶段，知识点 A_i 的存在状态是相对固定的，不同知识点或同一知识点不同存在状态之间的过渡就形成了学生学习知识的过程，表现出由具体到抽象再到思维具体的特点。过程性概念变式 B 和过程性问题变式 C 所对应的就是不同阶段中，不同知识点的存在状态。这些不同的知识状态是根据学生的实际基础确定的，处于学生的最近发展区之内，可以引导学生从不同的角度和不同的层次讨论和分析知识点之间的内在联系。多元表征 P_i（包括语言表征、图像表征、符号表征和操作表征）存在于不同的状态和过渡阶段，是知识向深层次发展的推动力；如果要进行多元表征，需要给出 2 ~ 4 类表征。想要更深层次地理解知识点，就要对多元表征及其变式进行讨论和研究，以其中一个表征维度为突破口，既有利于抓住变式的本质特征，也可以使变式更富有针对性和有效性，有助于学生更加完整地理解所学知识。这也是本教学模型与以往变式教学的区别所在。

对于具体的背景材料或问题，多元表征及对应变式的操作将会找到不同的知识点状态，而后对新生成的知识点状态进行多元表征讨论，再讨论最初问题的变式，将会实现所学知识的巩固和应用，通过具体的思维操作形成相对稳定的知识点状态。如果再经过多元表征和变式研究，就会形成更加稳定的知识点。由此看来，无论是陈述性知识或程序性知识，还是策略性知识，都会因为多元表征操作而实现较好掌握的教学目的，教学操作因此而有章可循。

附：

在初中数学教学中引导学生自主变式教学图解

符号说明：

背景材料或问题——A　　　　　　　　过程性问题变式——A'

知识点及状态——A^*　　　　　　　　过程性概念变式——B

过程性问题变式——C

语言（文字）表征——$P1$　　　　　　图像（图表）表征——$P2$

符号（数字）表征——$P3$　　　　　　过程（操作）表征——$P5$

多元表征——Pj（B），Pj（C）　　变式——Pj（B，C），其中 $1 < j < 4$

模式：

$$A----\{Pi（B，C）\}—A^*----\{Pi（B，C）\}—A'----\{Pi（B，C）\}---A^*$$

心理：　　静态（由外到内）　　动态（由内到外）　　静态（由外到内）

认识：　　形成全具体认识　　实现抽象理解　　获得具体思维

图 4-2　以自主变式为目的的教学过程模式图

第二节　以自主变式为目的的教学过程

数学学习可分为形成和理解概念、训练技能和解决问题三个部分。这三个部分共同构成了学生数学认知结构图示，并通过学生的外在活动和内在活动相互影响。学生的自主思考和多元表征是确保学习过程不断推进的前提，也是不断提高学生数学思维的唯一途径。如前面所述，引导学生自主变式是帮助学生做到多元表征学习的最好方法。自然应该贯穿数学教学的全过程。

前面提到，形成数学概念的过程包括选取材料、运算操作、过程压缩、确定对象等环节，遵循由具体到抽象的规律。如此一来，数学概念的教学操作就同时包括了外在的动手活动和内在的心理体验，必将同时提高学生发现和分析问题的能力及抽象概括的能力。要使学生过程性知识得到及时强化，就必须要引导学生自主完成变式，并要求学生对不同的形式表征加以分析和理解，以使其抓住最佳的学习时机，获得最佳的学习效率。这样的教学对于学生形成数学概念、运用数学规律及后续的学习有着重要的作用。

新概念的形成需要融入相关的概念网络中，以更加全面地理解概念。一般来说，在学生形成概念之后，为其搭建平台，引导其探讨概念的外延和内涵，分析概念的变式，对概念进行多元表征，从多个角度来辨析和概括，形成符号表征体系，使所有的概念都相互联系起来。在理解概念时，引导学生进行自主变式就是要让他们掌握概念的多元表征，以形成符号表征，实现数学概念的内化和灵活应用。

数学技能的熟练掌握是以数学概念的有效理解和应用为基础的。对于初中学生来说，数学技能除了与一般心智技能有共同的特征之外，还要受知识理解水平、练习概括水平、策略迁移水平的制约，并具体表现在概念法则的应用过程中，蕴藏于有效的教学过程中。以学生自主变式为目的的教学模式，以学习材料的多元表征为基础，先形成浅层的数学技能，而后在具体的问题情境中做好操作应用，借助有层次的变式分析类似的材料，归纳数学技能的应用法则和步骤。教师则要注意让学生将操作压缩成条理清晰的过程。经过深层次的、多元化的思考之后，学生就会提炼出隐藏在具体问题情境和具体问题解决过程中的数学操作模式，再遇到类似的问题解答起来就会更加便捷。

学习数学概念和解决数学问题的目的是更好地体会数学思想和数学方法，发展数学思维。一般来说，遇到数学问题首先要做的就是分析问题的类型，在头脑中检索相关记忆，而后通过变式或表征寻找解决线索，形成解决数学问题的最佳策略，建立起与数学问题相关的结构模式。在解决问题的过程中，首先，教师要通过自主变式激发学生的发散思维，使其主动地提出问题，为解决问题奠定基础；其次，教师要引导学生通过不同的表征由表及里地完成问题的结构表征，扩大问题空间，并通过表征转换来寻找解决问题的最佳策略；最后，教师要引导学生通过反思问题的解决过程，直观地认识数学思想方法，总结出利用数学技能解决问题的经验，形成扎实的数学认知结构。

附：

以学生自主变式为目的的教学模型详解

简介：本模型的重点是引导学生掌握思想方法，学会创新思维，通过发散思维和集中思维对数学知识形成全面的理解，明确学习目的，掌握数学方法。其操作机理就是引导学生通过自主变式实现多元表征学习，深刻理解数学方法，掌握适合自己的学习策略。在引导学生自主变式时，表层活动应该尽可能发散，以符合初中学生的心理特点，使学生集中掌握逻辑思维方法。在教学中要做到欲收先放、欲擒故纵，让学生能够从混乱变化中找到不变的知识。

1. 数学概念的形成和理解（图 4-3）

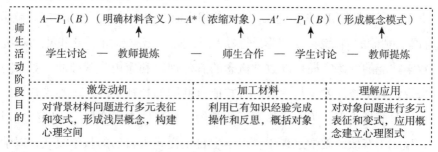

图 4-3　数学概念的形成和理解教学模式图解

2. 数学技能的形成（图4－4）

师生活动阶段目的
A—P1（B，C）（明确材料思想）—A*（简化过程）—A′—P1（B）（形成操作模式）
学生讨论 — 教师提炼 — 师生合作 — 学生讨论 — 教师提炼
激发动机
加工材料
理解应用
对背景材料问题进行多元表征和变式，形成浅层技能认知，构建心理空间
利用已有知识经验完成运算、反思，归纳出数学问题解决策略
进行多元表征和变式，在操作中理解和体会数学思想方法

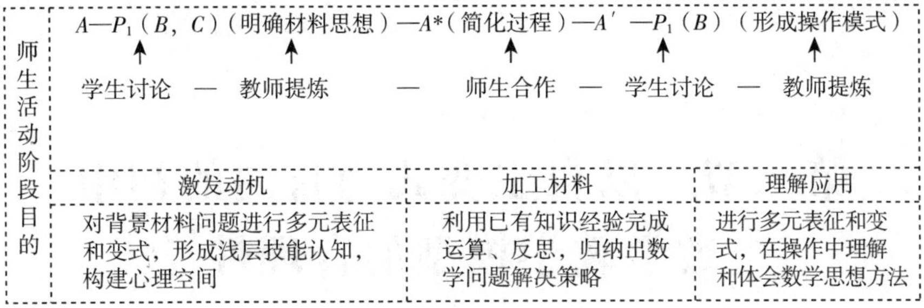

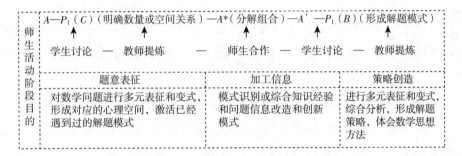

图4－4　数学技能的形成教学模式图解

3. 数学问题的解决（图4－5）

师生活动阶段目的
A—P1（C）（明确数量或空间关系）—A*（分解组合）—A′—P1（B）（形成解题模式）
学生讨论 — 教师提炼 — 师生合作 — 学生讨论 — 教师提炼
题意表征
加工信息
策略创造
对数学问题进行多元表征和变式，形成对应的心理空间，激活已经遇到过的解题模式
模式识别或综合知识经验和问题信息改造和创新模式
进行多元表征和变式，综合分析，形成解题策略，体会数学思想方法

图4－5　数学问题的解决教学模式图解

第三节　以自主变式为目的的初中
数学教学模型的合理性

一、以自主变式为目的的初中数学教学模型的系统论分析

系统论是 20 世纪科技四大理论成果之一，是人类科学思维由以实物为中心向以系统为中心过渡的标志。① 以自主变式为目的的初中数学教学模式符合系统论的三条原理。

1. 以自主变式为目的的初中数学教学模式符合系统论的整体性原理

在系统论中，整体性原理是核心思想。系统论认为，所有的事物都是整体与部分的统一，人类对事物的认知也应该遵循这一辩证关系。首先，在认识事物的特性时，要坚持从整体出发，不应该从部分出发，否则就会出现谬误；其次，在认识事物或处理问题时，应该努力以部分为切入点认识事物的整体，并通过部分来完成事物整体的改造。②

对于教学系统来说，教师、学生、课程和环境都是不可或缺的组成部分，而且正是这四个要素的相互联系、相互作用、相互促进，才能使教学系统的功能得到发挥。在以自主变式为目的的教学模式下，教师、学生、课程和环境通过多元表征和变式教学形成了一个有机的系统，具备了更加强大的教学功能，教学效率更高。具体表现为概念、技能和问题解决的学习相互衔接，形成了有机的整体。在这一教学模式下，学习对象的教学操作以学习内容为基础，并充分考虑学生的实际水平，通过多元表征和连续的变式，搭建了师生交流互动的

---

① 徐庚保，曾莲芝 . 系统论是仿真又一个基础理论 ［J］. 计算机仿真，2016，33（12）：1 – 4.
② 陈伟，马建新 . 赏析系统论与多元智能理论——对系统论三原理与多元智能理论相关观点的对比分析 ［J］. 现代教育科学：普教研究，2013（2）：45 – 46.

平台，为教师及时掌握学生的学习情况，有效地调控教学进度提供了可能；这就使教学活动与学生的思维活动更加协调，让学生的数学思维能力通过探究、合作和交流得到了发展。这些都体现了整体结构的功能，符合系统论的整体性原理。

2. 以自主变式为目的的教学模式符合系统论的有序性原理

系统论认为，所有的系统都是有序的，它反映了系统各部分之间的有机联系。系统的各部分是具有层次性和等级性的，各部分之间的联系纵横交错，形成了立体的网络模式。系统内部之间的联系是相对稳定的，这就使系统具有了有序性。

如果把以自主变式为目的的教学模式当成一个系统，那么构成这一系统的各种要素都是该系统的子系统。教学系统与构成这一系统的子系统之间和各子系统之间都必然存在横向、纵向和纵横等不同的联系，通过系统稳定的有机联系形成了以自主变式为目的的教学系统的内部结构，为该系统的有序性提供了保障。不同的变式正是来源于师生之间、学生与教学材料之间存在的差异，尊重教学系统的特殊性是实施以自主变式为目的的教学模式的根本核心。

皮亚杰认为，儿童对世界的认识和认知的发展都是以活动为基础的。在活动过程中，儿童通过自我发展和自我改造实现了同化和顺应，完成了由已有平衡到不平衡再到新的平衡的思维过程。在以自主变式为目的的教学模式下，通过多元表征，学生的数学知识体系完成了由无序到有序的转变，使学生的数学思维更加程序化。

首先，教师开始教学时，给学生提供包含数学概念或数学思想的材料，引导学生呈现其多元表征。由于学生的学习水平不同、学习风格各异，每一类表征的变式都是多种多样的，这时教学显得有点乱，但是尽可能丰富的表征有利于学生对材料的分析，只要抓住时机，引导学生发展自我认知，就会达到初步的有序。可以说，学生表征的多元化是学生开放性、发散性思维的必然结果，激发了学生探究数学本质的好奇心和积极性。

其次，教师教学实际上也是学生操作学习的材料，形成自我认知，认识数学规律的过程。学生通过观看教师的示范并自己模仿分析，相互之间交流学习成果，不断地反思学习过程，从而找到新的学习的平衡状态，使数学的认识上升到一个新的高度。

最后，教师还要引导学生将新学的数学理论应用到具体的问题情境当中，以使其具有实际意义，建立更加完整的心理图式。在这一环节，学生需要讨论问题结论的多元表征，不断巩固已经形成的认知结构，在由发散到收敛的思维过程中形成稳定的知识程序。

3. 以自主变式为目的的教学模式符合系统论原理

按照系统论的反馈性原理，所有的系统，只有拥有了反馈信息才能实现控制；离开了反馈信息就无法做到有效的控制。① 教学系统自然也不例外。对此，奥苏贝尔认为，任何心理学所要解决的都是学生学什么和怎样教的问题。因而，在数学教学中，信息反馈是否充分、是否可行，是影响课堂教学质量和教学效率的直接因素。以自主变式为目的的教学模式就充分体现了反馈性原理：引导学生通过对数学问题构成要素的分析、思考和讨论，培养了学生的创新思维。

教学伊始，教师引导学生对数学材料或问题信息进行多元表征和变式，从中发现学生在语言表达、图像表述和符号认知上存在的问题，通过调整教学进度、教学活动和教学材料，使教学更加符合学生的学习实际。

在教学中间阶段，学生模仿教师的做法，对类似的教学材料进行多元表征和变式，而教师则通过评价学生的操作情况，判断是否需要增加训练难度和训练量。而师生之间的互动背后反映出的数学思想和数学方法，成为学生数学理论水平提升的重要铺垫。

在教学的最后阶段，学生在自主变式中分析学习结论的多元表征意义，明白借助具体的数学情境来理解抽象的数学结论，梳理不同的数学知识之间的联系。教师则根据学生在教学中反馈的信息，设计应用性数学问题，使学生对所学数学内容的认识变得更加深刻。

二、以自主变式为目的的初中数学教学模型的学习论分析

在奥苏贝尔的有意义学习理论中，有意义的学习是以新旧知识之间联系的建立作为基础的。这种联系是学习者已有知识与新学知识之间在某些特殊方面的联系。在以自主变式为目的的初中数学教学模型中，学生不仅可以通过多元

---

① 易文婧. 正确运用反馈原理提高数学教学效率［J］. 教育科学论坛，1998（9）：1.

表征，实现对数学概念、规律和原理，具体到抽象、特殊到一般的理解，排除背景材料中与数学本质无关的属性的影响，明确数学的内涵，理解数学的本质；还可以通过多元表征，理解数学知识的起源及其用途，获得形成概念和解决问题的经验，进而理解各部分数学知识间的联系，将新旧数学知识都纳入自己的知识体系中。在教学中，教师要给学生呈现出一系列与学习相关的问题，使之理解数学概念、掌握解决数学问题的方法，使数学知识、思想、方法实现模式化，实现有意义的数学学习。

数学多元表征的学习和转化，有助于学生数学思维的发展。以自主变式为目的的教学模式将自主变式作为有效学习的方法。马顿曾说，最高的学习是在辨别和变异的情况下进行的。传统的变式特指概念、技能和问题解决的变式，而在多元表征的基础上，变式则是知识点的多元表征，可以深化学生对知识点的理解，促进其思维和创新能力的发展。这样的变式以多元表征为基础，引导学生进行自主变式，打开了学生学习的新天地，给教学带来了一些意想不到的变化。

1. 可以显著提高学生的认知水平

布鲁纳将学习等同于信息的编码和表征过程。以自主变式为目的的教学模式，就是以多元表征的学习为基础，给学生提供更加丰富的信息，使大多数学生都能选择适合自己的学习方式：他们或思辨，或分析数学图像，或进行数学推演，或操作演练，但是不管是哪种方式，都使学习变成了学生加工和创造信息的方式。这就是"以学定教"和"以教迎学"思想在教学实践中的体现。学生自由地选择自己喜欢的学习方式，内心舒畅、兴致高涨，信息加工效率和认知水平自然就提高了。

2. 可以促进思维创新能力的发展

由学生自主地完成数学概念的学习，借助已经学习的数学技能解决实际问题，就是为了让其经历创新过程。在学习过程中，学生对学习材料进行多元表征，全面理解问题的实质，通过发散和收敛把握知识的本质，实现创新能力的发展。以自主变式为目的的教学模式，以某个数学知识点为核心，进行多元表征，让学生自主寻找每一个表征的每一个变式，找到各个表征之间的联系，在交流讨论中找到知识的本质。这样的学习将有助于学生抽象概括能力的提高，使之在主动的反思过程中逐步地形成具有个人特色的自主学习方式。这样的教学氛围将会使学生的创新能力得到提升。

3. 有助于训练学生的自我监控能力

在元认知能力中，自我监控能力是核心，也是学生认知发展的影响因素。①以所学知识点为中心，引导学生进行多元表征和自主变式，学生就会逐渐地形成适合自己的数学思维方式，明了数学学习中的内在要求，能够在相互交流的过程中及时矫正自己学习中存在的不足。久而久之，就会有效地培养学生的自我监控能力。这一能力就会指导学生理解其他的数学概念，解决其他的数学问题，使学生学会如何与人交流、如何选择思维方向，甚至会自主地思考自己学习安排的合理性。

三、以自主变式为目的的初中数学教学模型的认识论分析

根据认识论的研究，感性认识是产生理性认识的基础，理性认识是感性认识进一步发展的结果。感性认识向理性认识转变是认识上的"飞跃"，理性认识用于指导具体的实践活动则是人们认识世界的第二次"飞跃"。无论哪次飞跃都是状态与过程辩证统一的反映。表征状态所描述的是事物的特性，过程所描述的则是事物状态的变化。

1. 从知识认识论来看，知识可以分为编码化知识和经验类知识两大类

编码化知识就是那些外显的、可以用语言表达的知识；经验类知识就是那些内隐的、只能意会的经验类的知识，不能用语言来表达。编码化知识和经验类知识共同构成了知识体系，并且两种知识还可以相互转化。对于学习来说，最基本的内容就是实现经验类知识的编码化，并用以指导实际问题的解决，进而又产生新的隐含的经验类的知识。以自主变式为目的的教学模式所体现的就是两类知识的转化。在教学开始之时，学生以学习材料为中心进行多元表征，就形成了两类知识，即编码类知识和经验类知识；在教学的中间环节，通过操作训练，引导学生通过自主变式将经验类知识转化为编码类知识；在教学结束之时，学生结合实践再次进行多元表征和自主变式，又以这些知识为基础生成新的编码类知识和经验类知识，形成新的知识结构。在这样的教学过程中，因为有了多元表征和自主变式，不管是知识的建构，还是两类知识之间的转化都

---

① 古铁雷斯，伯拉. 数学教育心理学研究手册：过去、现在与未来 [M]. 桂林：广西师范大学出版社，2009：12.

变得更加顺利。

2. **发展认识论证明经验是人们创新思考和解决复杂问题的基础**

直接经验和间接经验是一个整体。人们通过感官直接感知的经验即为直接经验，而通过学习和思考而获得的不同形式的概念和理论则是间接经验。在围绕问题展开创新思考时，经验是基础。因为直觉经验的参与，人们的思考会表现出跳跃性、整体性和非逻辑性。但是，直觉思维必须依赖于基本概念、基本原理以及不同的概念和原理之间的联系。离开了必要的数学知识，就不可能顺利地解决数学问题。不同的数学知识之间相互联系，相互渗透。利用数学知识之间的联系，恰当地进行分析和综合，本质上就是创新思考。以自主变式为目的的教学目标就是为了突出对学生创新思维的培养。以多元表征为基础，引导学生自主变式，所体现的就是同时重视经验和直觉。数学问题的表征既有直觉经验，也有间接经验，其明显是一种"结构"直觉。由于有了自主变式，学生就会主动地形成一个新的"结构"，利用新"结构"解决问题就能促使学生进行创新思考，使其认识得到了快速的发展。

第四节　有效变式教学的特点

从教学实践来看，初中数学教师只是偶尔使用变式教学，但是并不知道什么样的变式教学才是有效的。显然，随意变式是不可取的，必须要遵循一定的要求。笔者以为，有效的变式教学应该具备以下几个特点。

一、变式设计需要体现差异性

变式教学不能让学生产生简单地做"重复劳动"的想法，否则将会降低学生思考问题的积极性。心理学的研究表明，题目越新颖越容易刺激学生的感官和思想，越容易使其保持注意力的集中同时保持思维的敏捷，教学效果越好。因此，在变式时应该使学生对每道题目都有新鲜感，以激发学生的好奇心和求知欲。这就要求变式的题目之间应该具备明显的差异。

如在利用等式的性质 2 "等式两边同时乘以（或除以）同一个不等于零的数（或式子），等式仍然成立"解一元一次方程时，如果设计如下的变式题目，得到的教学效果就是无效的：

$$3x = 6 \qquad 2x = 6 \qquad 7x = 21 \qquad 4x = 72$$

因为以上四个方程过于接近，学生做这些题目无异于简单的重复，意义不大。但是如果加上符号变化，改成如下的四个方程就大为不同了：

$$3x = 6 \qquad -2x = 6 \qquad -7x = -21 \qquad 4x = -72$$

经过符号变化之后，虽然解题的依据仍然是等式的性质，但各方程之间具备了明显的差别，更有利于学生掌握该性质。

当然，如果能再进一步做出如下变式将会更加有效：

$$3x = 6 \qquad -\frac{1}{2}x = 6 \qquad -7x = -\frac{1}{42} \qquad \frac{1}{4}x = -\frac{3}{13}$$

经过这样的变式后，学生将会同时运用到等式性质 2 和有理数乘除法的计算两个知识点，实现新旧知识相互融合、相互渗透。

二、变式应该体现出层次性

变式的设计应该是层层递进的，应该使学生在努力攻克一个又一个问题的过程中强化思维训练。

例如，在引导学生掌握全等三角形在解题中的应用时，可以呈现如下的习题：

如图 4 - 6 所示，四边形 $ABCD$ 是正方形，其中点 E 为 BC 边的中点，$\angle AEF = 90°$，EF 与正方形外角平分线相交于点 F，试证：$AE = EF$。

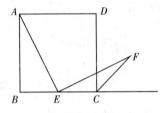

图 4 - 6

该题可以取 M 为 AB 的中点，连接 EM，可以证得 $\triangle AEM \cong \triangle EFC$，而后可以完成题目的证明。可做如下变式。

变式 1：如果点 E 不是 BC 中点，AE 和 EF 有何关系？

此变式需要引导学生对以下三种情况分别进行讨论：点 E 在 BC 上、点 E 在 BC 延长线上和点 E 在 CB 延长线上。解题思路仍然是要构造全等三角形。

变式 2：如果把正方形换成正三角形，如图 4 - 7 所示，且 $\angle CEF = 60°$，结论是否仍然成立？

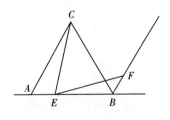

图 4 - 7

通过类比证明，结论仍然成立。

变式 3：将正三角形换成正五边形，又会得出什么结论？

以上三个变式虽然条件各不相同，但结论一样。学生通过层层递进的变式，会感觉到数学的无穷奥妙，从而学习兴趣更加浓厚。

三、变式应该具有内涵

变式教学中所选的问题应该具有典型性，体现不同知识点之间的横向联系，要有一定的内涵，给学生预留充足的思维空间，让学生体会数学思想方法，并在学习过程中获得思维品质的提升。

如在二元一次方程组的加减消元法的教学中，当学生初步认识了加减消元法之后，可以呈现如下的方程组：

$$\begin{cases} \dfrac{1}{2}x - \dfrac{3}{8}y = 2 \\ -\dfrac{1}{2}x - \dfrac{1}{8}y = 2 \end{cases}$$

当学生通过解题形成了利用加减消元法解二元一次方程组的数学结构之后，可以呈现含字母系数的二元一次方程组：

$$\begin{cases} ax + by = 24b \\ ax + 3by = 30b \end{cases} \quad (a \neq 0，b \neq 0)$$

学生在反思之后，就会抓住用加减消元法解二元一次方程组的特点，认识到重点是看方程组中未知数的系数是不是相同，或者是互为相反数，或者能不能通过变形得到相同或互为相反数的系数，这就是加减消元法解二元一次方程组的本质。学生理解了这一点，原来的数学结构就得到了拓展和提升。

第五节　以自主变式为目的的
初中数学教学的特征

以自主变式为目的的初中数学教学汲取了多元表征和变式教学的优点，同时针对初中学生的实际情况，联系数学的学科特征，形成面向全体学生的、促进学生数学思维发展的教学模式。其特征如下。

一、基本目的

变式教学是具有中国特色的传统的教学手段。变式教学对学生"双基"的训练具有明显的效果。把适当进行"双基"训练作为以自主变式为目的的教学模式基础，既有助于强化学生的思维能力，也有助于学生动手实践能力和创新思维的发展。这对于落实全体学生共同发展的教学理念具有积极的作用。以自主变式为目的的教学模式从切合性和基础性出发，坚持"以生为本"的教学理念，同时促进学生认知和情感的发展，体现了素质教育的理念。

二、基本原理

学习动机、基础知识和学习策略是学生学习的主要影响因素。以自主变式为目的是引导学生积极参与数学课堂活动、展开深层次的思考、更好地促进学生的学和教师的教的高效的教学模式。

自主变式教学就是引导学生自主地完成学习对象的各种变式。学生因为感受到丰富的表征而产生更强的注意力，使其有意学习；各种变式和丰富的表征则成为学习挑战性的台阶，使学生产生更加浓厚的学习兴趣。以多元表征为基础，引导学生自主变式，较好地体现了学生学习的主动性和主体性，使学生积极地利用自己已有的知识经验完成未知知识的探索，既理解了知识，又学会了表征工具的使用方法，激活了学生学习的内驱力。

以自主变式为目的的教学模式充分考虑到了学生的知识基础，为其提供了相对平缓的学习台阶，体现了面向全体学生的教学理念。在教学过程中，丰富的自主变式，突出了数学问题的表征，最大可能地调动了学生已有的背景知识、语言方案、图形图像等表征形式，以大量的表征将学生的理解推进了一个新的表征学习中，直到形成符号表征。这样的教学过程体现了循序渐进和由具体到抽象的教学原则，符合大多数学生的认知特征，使学生完成有效的建构学习。数学教学是强调符号表征的变式教学，这样的教学将会使学生利用自己的知识储备，借助符号表征建立起相互联系的、完整的知识表征体系。以自主变式为目的的教学模式既照顾到了优秀学生的快速发展，也照顾到了学困生的学习需求。

学习策略是以程序性为特征的智慧技能，是学生从学习准备到学习活动的实施，再到对学习过程的监控和评价的意识活动，更准确地说就是学生对自我认知的认知。以自我变式为目的的教学，就是要求教师创设条件，让学生参与并感受知识的发生和发展过程。自主变式使得学生既理解了所学的知识，又掌握了问题表征的方法。在具体数学问题的解决过程中，学生灵活地认知表征成为他们逐步提高知识加工能力的基础，特别有助于学生反思意识的增强。多元化的、丰富的表征，使学生从不同的侧面来理解和认识事物，学生在已有表征的基础上，对这些侧面进行二次表征，同时会思考表征的合理性，反思与表征所对应的知识的意义，以实现胡塞尔所说的"变样"。①学生通过参与各种教学活动，特别是自主变式，将会完成由数学概念向操作对象的转变。只有教师适当地引导，学生才能自主地完成过程性概念和问题变式，进而掌握学习策略。

数学内容的特点决定了数学学习就是要在变化中寻求不变的本质结构。"变"的设计是由自主变式来完成的，教师应该引导学生克服不断变化的表征，从而使学生能从学习对象中找到数学学习的定位，形成固定不变的学习目标。"不变"的数学本质的探究也需要一个过程，不是一蹴而就的，这就是由语言、图像和符号等不同表征递进的过程。不同阶段的自主变式的理解是实现不同表

---

① E. 胡塞尔［德］，G. 施密特［美］，李联华. 现象学与人类学［J］. 广西大学学报（哲学社会科学版），2016，38（4）：23 – 29.

征之间转换的前提，也有助于学生形成符号表征，并理解符号表征的数学意义。这说明，学习本质上就是一个分类的过程，其操作过程如图4-8所示。实际上，每个环节中，教师都要对与学习材料相关的每个表征进行变式，引导学生理解每个表征，形成表层认识后，借助不同表征的转化形成全息表征，进而形成知识结构模式表征，深度理解所学知识或问题解决策略。当然，由于学习对象的表征是多元化的、丰富的，表现形式各不一样。

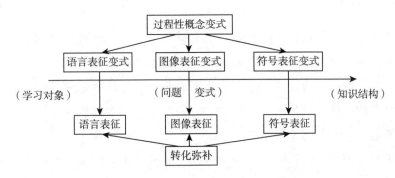

图4-8 以自主变式为目的的教学模式的知识点教学图示

三、基本方式

本教学模式以多元表征为基础，引导学生自主变式，充分利用教材和师生关系，建立起最为有效的教学指标体系。这一教学模式是传统变式教学的发展，旨在寻求一种符合现代教育理念的、体现数学学科特点的、操作性强的教学模式，体现了历史与现代、基本素养与创新能力的结合。因此，教材和师生之间的关系应描述为：学生在教师的引导下，形成浓厚的学习兴趣，自主地生成学习材料的变式，结合自己已经学过的数学知识，对所学内容的多元表征进行反思，意识到表征结果的数学实质。对于不同的教学内容，面对不同的学生，教师引导学生自主变式的方式也有所不同，但主要有两种方式：一是所学数学知识或所要解决的问题相对简单时，教师以学习对象为核心，引导学生自主进行多元表征；二是所学数学知识或所要解决的问题相对困难时，教师就要引导学生给出对应的变式（具体选择哪种变式需要根据实际情况确定），使学生逐渐掌握不同的表征方式，而后综合起来形成多元表征。其中，第二种方式是内涵式的、隐性的，第一种方式是外显式的、显性的。

因此，以自主变式为目的的教学模式强调四点：一是学生自主完成表征的交流和反思,二是由教师引导学生掌握多元表征的方法,三是教师引导学生完成多元表征的转化和感悟的方法,四是教师与学生保持动态平衡关系。教师为学生自主变式指引方向,学生则根据教师的指导进行自主探究和多元化表征,这就同时体现了教师在变式教学中的主导地位和学生在变式教学中的主体地位,有效地发挥了师生双方在教学中的积极性。

四、基本程序

在教学中,应根据具体的教学目标和学生已有知识经验,采用恰当的方式引导学生自主地完成多元化表征和变式,不断地深入推动学生的学习。

在引进课题时,应该根据新旧知识的联系,引导学生形成新的语言表征或符号表征,积极地形成数学问题的变式,当学生利用旧知识解决新问题遇到困难时,就会产生浓厚的学习动机。

在理解课题时,应该引导学生通过语言表征、实物图示、符号表征等不同的形式来呈现过程性概念变式,不断地拓展思维的广度;借助具体表征或抽象表征来分析过程性问题变式,自主生成新的符号表征。

在巩固课题时,则应该注意引导学生理解和感悟不同的符号表征之间的关系,以使新学内容与前面所学内容之间建立联系,并明确其中存在的区别。对于过程性问题变式的操作,要适当地加以拓展,与学生原有的知识体系建立联系,实现数学概念和数学思想方法体系的扩充。

在应用课题时,学生主动通过多元化表征构建起数学关系结构,而后在所学知识体系中检索对应的知识、方法或思想。在此过程中,多元表征将使学生从直观表征中提炼出抽象表征,形成解决数学问题最为恰当的数学表征策略,并将之转化为符号化的解题过程。

在总结课题时,学生应在教师的启发下,反思课题分析中用到的知识、技能和方法,提炼出策略性知识,建立起相互联系的、网络化的数学知识体系,抽象地理解数学思想和数学方法。这就使学生数学核心素养得到了有效、有序的发展。

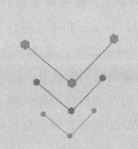

第五章

在初中数学教学中引导学生自主变式的基本原则

初中数学教学是以数学活动为主要内容的教学，既要遵循一般的教学原则，还要遵循数学教学的特殊原则。作为初中数学教学新的尝试，引导学生自主变式的教学自然也要遵循其特殊原则。数学教育的目的、学科特点、教学规律、学生的年龄特征和学习规律等，都是在确定教学原则时必须要考虑的因素。只有深入地研究了这些因素，才能构造出符合新课程教学要求、具有时代特色、体现初中数学教学独特性、体现学生主体性的自主变式教学原则体系。

第一节　目的性原则

初中数学教学的教学目的是一切初中数学教学活动的出发点和最终归宿，不管是教学内容的选择、教学环节的设计、教学方法的运用，还是教学质量的评价，都必须依据教学目的来进行。

数学教学的目的主要包括宏观和微观两个层面。宏观的教学目的通常称为目标或教育目的，是指对学生培养规格和数学教育最终要求的总体规定，指明了数学教育的方向；微观的教学目的就是通常所说的数学教学目标，是指数学教学活动具体的目标，主要包括数学教学活动涉及的知识范围、技能训练、能力培养、思想教育等具体的要求，指出的是数学教学活动所要完成的具体任务。

当前，我国基础教育正在经历全新的课程改革，初中数学教学的指导性文件为《全日制义务教育数学课程标准（2011年）》（以下简称《标准》）。《标准》以之前的数学教学目的为基础，根据新形势的需要提出了新的课程目标：通过义务教育阶段的数学学习，学生能获得适应社会生活和进一步发展所必需的数学基础知识、基本技能、基本思想、基本活动经验；体会数学知识之间、数学与其他学科之间、数学与生活之间的联系，运用数学的思维方式进行思考，增强发现和提出问题的能力、分析和解决问题的能力；了解数学的价值，提高学习数学的兴趣，增强学好数学的信心，养成良好的学习习惯，具有初步的创新意识和科学态度。① 具体到初中阶段阐述如下。

一、知识技能

（1）体验从具体情境中抽象出数学符号的过程，理解有理数、实数、代数式、方程、不等式、函数；掌握必要的运算（包括估算）技能；探索具体问题中的数量关系和变化规律，掌握用代数式、方程、不等式、函数进行表述的方法。

（2）探索并掌握相交线、平行线、三角形、四边形和圆的基本性质与判定，掌握基本的证明方法和基本的作图技能；探索并理解平面图形的平移、旋转、轴对称；认识投影与视图；探索并理解平面直角坐标系及其应用。

（3）体验数据收集、处理、分析和推断过程，理解抽样方法，体验用样本估计总体的过程；进一步认识随机现象，能计算一些简单事件的概率。

二、数学思考

（1）通过用代数式、方程、不等式、函数等表述数量关系的过程，体会模型的思想，建立符号意识；在研究图形性质和运动、确定物体位置等过程中，进一步发展空间观念；经历借助图形思考问题的过程，初步建立几何直观。

（2）了解利用数据可以进行统计推断，发展建立数据分析观念；感受随机现象的特点。

（3）体会通过合情推理探索数学结论，运用演绎推理加以证明的过程，在多种形式的数学活动中，发展合情推理与演绎推理的能力。

（4）能独立思考，体会数学的基本思想和思维方式。

三、问题解决

（1）初步学会在具体的情境中从数学的角度发现问题和提出问题，并综合运用数学知识和方法等解决简单的实际问题，增强应用意识，提高实践能力。

（2）经历从不同角度寻求分析问题和解决问题的方法的过程，体验解决问题方法的多样性，掌握分析问题和解决问题的一些基本方法。

（3）在与他人合作和交流的过程中，能较好地理解他人的思考方法和

---

① 中华人民共和国教育部. 义务教育数学课程标准（2011 年）［M］. 北京：北京师范大学出版社，2011：8.

结论。

（4）能针对他人所提出的问题进行反思，初步形成评价与反思的意识。

四、情感态度

（1）积极参与数学活动，对数学有好奇心和求知欲。

（2）感受成功的快乐，体验独自克服困难、解决数学问题的过程，有克服困难的勇气，具备学好数学的信心。

（3）在运用数学表述和解决问题的过程中，认识数学具有抽象、严谨和应用广泛的特点，体会数学的价值。

（4）敢于发表自己的想法、提出质疑、敢于创新，养成认真勤奋、独立思考、合作交流等学习习惯，形成严谨求实的科学态度。

以上四个方面构成了一个密切联系的有机整体，对学生的发展具有十分重要的作用，并通过丰富多彩的数学活动来体现。其中数学思考、问题解决、情感态度的发展都是以知识技能的学习为基础的，同时知识技能的学习必须以有助于其他目标的实现为前提。由此可见，《标准》强调了知识技能在初中数学教学中的重要地位，并使用"经历（感受）、体验（体会）、探索"等词语刻画出了数学教学的过程性目标，更好地体现了数学思考、解决问题和情感态度方面的要求。这样的教学目的既体现了基础性、多样性和选择性的教育理念的要求，也体现了数学学科的发展趋势，突出了数学的人文价值，增加了建模、探究、数学文化等内容，将数学放到了更加广阔的时代背景之中，拓展了学生的视野，实现了很大的突破。

所谓的目的性原则，就是指在教学活动中，教师应该以教学目的为核心，引导学生自主变式，而不应该即兴发挥、随心所欲、不加约束地变式。每一章节、每一部分的数学教学都有其对应的教学目的，而且这一目的是明确而具体的。引导学生生成不同的变式，所起到的教学作用是不同的。有时是为了使学生从多个角度来理解数学概念，有的时候是为了使学生灵活地运用所学的数学定义、定理，有的时候是为了引导学生感受某种数学思想和数学方法。在引导学生进行变式时，目的是必不可少的，而且教学目的是一切教学活动的基础，所有的教学活动都要围绕教学目的而设计和开展。因此，以引导学生自主变式的教学也要遵循一切教学活动所要遵循的目的性原则。需要根据教学实际和需求的不同，合理地选择变式的形式和手段。

第二节 主体参与原则

《标准》指出，好的教学活动应该体现学生主体作用与教师主导作用的和谐统一。也就是说，在初中数学教学过程中，教师要尊重学生的主体地位，同时要发挥自己的主导作用，注意教学情境的创设，借助有效的教学情境激发和发挥学生的主体性，进而启发学生的思维，唤起学生的主体学习意识。这样的教学就要回归学生认知起点，注意发挥学生学习的主体作用。在初中数学教学当中，要坚持以学生为主体，让学生掌握学习的主动权，利用最恰当的方式引导学生观察、猜想、证明、运算，让其主动地完成表征和变式，就会有效地启发学生的思维。教师在教学中，要平等地对待每一名学生，根据学生学习水平的不同创设不同层次的问题，使之积极地参与学习，主动地与其他同学分享发现和成果。发挥学生的主体作用，不仅会使学生掌握数学知识点，还会使其掌握知识线，做到不仅知其然而且知其所以然，将新知识、新变式融合到自己原有的认知结构中。

自从新课程改革以来，学生在教学实践中表现出了越来越强烈的主体性，主体性的发挥也提升了学生的学习质量，同时也使初中数学教学出现了一些问题，如教师思想认知不足、教育形式呆板、学生综合素质有待提高等。对于这些问题，教师应该给予科学的认识，并在教学实践中不断地创新，以推动初中数学教学长远发展。

一、自主参与原则的重要性

学生主动地参与教学，主动地进行表征和变式，既是主体参与原则的直接体现，也是学生身心发展和新课程改革的需要。在以自主变式为目的的教学模式中，激励学生主动地参与教学，可以实现学生智力因素和非智力因素共同作用，可以形成强大的教学动力。以自主变式为目的的教学模式中，主体参与原则的重要性主要体现在以下两个方面：

首先，主体参与原则体现了"以生为本"的教育理念，有助于学生实现智力因素与非智力因素的共同作用。在以自主变式为目的的初中数学教学过程中，既需要调动学生智力因素的参与，也需要提供非智力因素的保障。在传统的教学过程中，教学重点放在了学生智力因素的培养上，非智力因素的作用并没有得到应有的重视，教学效果并不能得到保障。在以自主变式为目的的初中数学教学过程中，主体参与原则同时注意到了学生智力因素和非智力因素的调动。在教学实践中，教师调动学生的主体性，让学生主动地完成数学问题的表征和变式，智力因素和非智力因素实现了和谐共存，共同推动了教学效率的提升，共同促进了学生的全面发展。

其次，主体参与原则在贯彻"以生为本"的教育理念的同时，形成了强大的教学动力。教学动力是 1960 年苏联教学论专家达尼洛夫提出的概念，他将教学动力定义为"推动教的动力是学生的成长困难"。① 在教学动力论中，教学动力的决定性因素是教学双边互动活动，即教师的教和学生的学的协调互动，单方面的活动是不可能形成强大的教学动力的。以自主变式为目的的教学模式中的主体参与原则，就是要强化学生参与学习的动机，提高学生学习的自主性。

二、主体参与原则的特点

以自主变式为目的的教学模式中，学生是学习的主体，他们积极地参与教学活动，体现了明显的独立性、能动性、差异性、整体性和创造性。

1. 独立性

在以自主变式为目的的教学模式下，学生对数学问题的分析和解决并不是完全受教师控制的，学生可以根据自己的思维习惯、知识水平等各方面的不同，自主选择数学问题的解法，这就是独立性。

2. 能动性

在以自主变式为目的的教学模式下，学生自觉、积极、主动地参与到数学学习的过程中，这与传统教学中学生被动地解决教师所提出的数学问题的做法

─────────────

① 陈珺. 从教学动力论的角度看"协商大纲"的运用 [J]. 黑龙江史志, 2008 (14)：85－86.

是完全不同的。这就是学生学习能动性和主体性的基本表现形式，也是最主要的表现形式。

3. 差异性

不同的学生具有不同的知识基础、学习能力、兴趣爱好和个性品质，这些不同决定了他们学习主体性的差异，也决定了他们所提出的变式的不同。

4. 整体性

在以自主变式为目的的教学模式中，想要发挥学生的主体参与性，必须调动学生的各种素质，使其各种能力有机地组合起来，这就是主体参与原则的整体性特征。正是主体参与原则的整体性使学生形成了学习主体性，并使学生的生理和心理、智力和非智力、认知和个性品质行为变得和谐统一。

5. 创造性

以自主变式为目的的教学模式，使学生在教学活动中表现出了强烈的探索未知、追求新知的欲望和需求，在多元表征和自主变式中体现了自己与他人的区别，这就体现了创造性。创造性是现代社会对人们提出的必需具备的思维要求。课堂教学要体现"以生为本"的人文情怀，注重学生的全员参与。教学活动要以教师为主导，学生为主体。教学过程中要实现师生共同成长、相互学习。在数学变式教学设计时，教师不能一个人承包全部变式，而应该让学生主动、积极地参与变式。如果变式不太恰当，教师可以适当地进行引导，而前提是不脱离教学目标。学生不仅可以在课上参与变式，课下的习题、作业题、考试题也可以进行变式。这样一方面可以培养学生的主动学习能力，另一方面也可以激发学生的创新意识和求知欲。

三、主体参与原则在初中数学教学中的表现

1. 课堂教学更开放，更注重学生之间的合作

在以自主变式为目的的教学模式中，师生之间形成了一种新型的，开放、合作、共进的关系，这使学生更加主动地参与到课堂教学活动中。这就要求构建全方位、立体化开放的课堂环境，优化师生关系，也就是要求初中数学教学做到内容开放、教学形式开放、师生关系开放、生生关系开放、教学活动开放。只有做到了这些，学生才能获得一个宽松的学习氛围，积极动手、动脑、动口，主动参与到课堂教学中。例如，在讲相似三角形时，可以引导学生以手工剪纸

为操作对象，在课堂上随意裁剪，看谁能在最短的时间内剪出最多的相似三角形，而后让学生总结其中的规律：至少需要确定哪几个几何量就可以确定两个三角形相似？由此可以使学生将所学数学知识与实际问题结合起来，形成思维变式，实现数学思维的拓展。对于教材中的非重点内容，可以指定一名学生自主学习，而后让其以"小老师"的身份讲给其他同学听，教师再进行补充和优化。这些教学形式，将会使学生更主动、更积极地学习数学。

2. 分组合作的安排更加科学，集中授课和自主学习更加有效

在以自主变式为目的的教学过程中，教师应该对学生的学习动态进行观察，观察学生合作和变式过程中的表现，了解学生的学习进度、学习能力和知识掌握程序。特别要注意的是，在教学过程中，教师要通过学生的自主变式及时掌握学生的学习动态，发现并解决学生学习过程中存在的问题，使小组讨论、自主变式和组间竞争变得更加有序，提高学生自主变式和合作学习的效率。在初中数学教学中，要坚持长期观察，这将有助于教师总结学生自主变式的学习效果，适时参与到小组讨论中，及时给予学生心理暗示。

3. 技能训练目的性更强，有助于培养学生的数学思维

数学思维能力的形成和发展是贯穿数学教学全过程的教学目标。在以自主变式为目的的教学模式中，教师要保持足够的耐心和细心，抓住一切机会培养学生的数学思维能力。具体地说，一是要重视课后复习。课后复习的主要目的是强化巩固学生已有的变式，使其将所学过的知识建立横向和纵向的联系，将零散的知识串联起来，形成完善的知识体系，并通过自主变式演变成数学思维。二是加强解题训练。在带领学生解题时，通过由简到繁的阶梯式训练，强化学生的思维密度。完整的数学思维活动包括信息传达、接受、存贮和加工四个环节，只有有效地对教学过程进行控制，传达题目信息，才能激发学生的思维，才能生成有效的变式。当学生形成清晰的解题思路之后，再引导学生动笔完成问题的解答。三是重视培养学生的求异思维。学生自主变式，可培养学生的应变能力，使其形成较强的创新能力和求异思维。

4. 教学情境的创设更加自然，有助于激发学生的主体性

在初中数学教学中，引导学生自主变式应该以学生的身心发展特点作为出发点，依据学生已有的知识和经验，为其创设自然生成的教学情境，为学生自主变式提供土壤，激发学生的数学思维，使其拥有更多地参与数学发现和数学探究的机会。在实践中，创设的教学情境应充满美感和智慧，让学生可以从情境中获得具体的感受，形成浓厚的学习兴趣，进而全身心地投入到学习活动中，充分发挥自己的潜能。因此，学生自主变式的有效起点应该是教学情境的自然生成。在自然生成的教学情境之中，教师有效发挥主导作用，引导学生通过多元表征和自主变式，主动地获取知识，主动地参与教学活动，努力形成数学思维。如在研究和分析二次根式的性质时，可以由分式类比分数，进而使学生产生联想——"可不可以用二次根式的学习与平方根的学习建立联系？"进而使学生掌握数学学习的一般方法。当学生拥有了这样的能力之后，就会不断地取得数学学习上的成功，自信心逐渐增强，学习动机越来越强，参与教学活动的主体性也越来越强。

第三节　针对性原则

以自主变式为目的的教学模式针对性原则主要是针对学生学习中存在的问题和能力确定教学的起点，针对教学难点、疑点和关键点确定教学方法，针对教学中生成的有价值的问题调整教学。下面，笔者就从教学内容和教学过程两个方面来阐述针对性原则。

一、找准教学的起点和学生学习存在的疑点

1. 找准教学的起点

与其他教学模式一样，以自主变式为目的的教学模式的起点也是学生现有的发展水平。维果茨基的最近发展区理论认为，教学就是要"继往开来"。所谓的"继往"就是指教学要以学生已有的知识经验为基础，要充分了解学生已有的发展水平，找准其最近发展区。"继往"的目的是为了"开来"，教学就是为了促进学生的发展，而明确了学生现有发展水平才能找准教学的方向，才能依据学生现有的发展水平，为学生创设适度紧张的认知氛围；提供具体的帮助使学生有效地进行多元表征和变式，通过与同学合作探究，尽可能完成既定的教学目标，并在此过程中引导学生学会用积极的态度看待自己，更好地完成"开来"。

中医诊断讲究望、闻、问、切，教学也需要灵活地应用诊断性评价。诊断性评价也称之为准备性评价，是指在教学开始之前，对教学背景、学生的知识基础、学习风格、能力倾向等进行了解。诊断性评价可以通过课前检测、问卷调查、资料查阅的方式进行。东北师范大学附小在教学之前安排了预习交流环节，主要就是为了充分了解学生的学情。如"食品包装上信息的学问"一课，教师在教学之前就让学生交流"日常购买食品需要看包装上哪些

信息"的话题，学生将课前收集的食品包装拿出来，根据自己的生活经验说出食品名称、食品介绍、配料说明、生产日期等。这些交流就会使教师了解学生对食品包装信息的关注度。在此基础上就可以确定学习任务：食品包装上的信息有何意义？

2. 找准学生的疑点

疑点就是学生不知道、有疑惑、存在矛盾认识的地方。在教育理论中，学生因为感性认识而产生的与科学现象和科学概念不相符的理解和想法称之为"相异构想"。通俗地说，"相异构想"就是学生头脑当中已经具有的、不正确的概念或价值观，或不符合事实的认识和想法。想要找准学生的疑点，除了课前测验和预习作业之外，更重要的就是要在课堂教学过程中，引导学生自主学习、多元化表征、自主变式并交流讨论，让学生充分发表意见，展示出自己的思维过程。在学生充分表达和展示时，教师就可以找出学生原有的认知、经验和理解上存在的偏差，制订出合理的引导方法。

在学生自主学习、自主变式、小组交流的过程中，教师要在教室内巡视。在巡视过程中，教师就会对学生的认知情况有充分的了解，学生在交流讨论过程中会暴露出自己认识上存在的矛盾和偏差。在学生完成自主学习、自主变式和小组交流之后，教师要特别注意总结汇报的环节。这时，教师请各组代表上台发表意见，后发言的学生只做补充发言，不重复前面同学已经说过的内容。教师要注意对学生的引导，注意引导时的提问不能太难，也不能太简单，针对不同层次的学生，应有不同层次的收获，尽力做到"让每名学生都有收获"。有时候由于目的的不同，相对的知识点也随着变化；有时候由于几个班的学生存在差异，针对的题目也有所不同；有时候想要培养的思维方法不同，对同一个知识点也有不同的针对性练习；有时候考虑到学生的多方面发展，相对的变式也有所不同。

二、在教学过程中要做到方法适切、差异对待

对于教学过程来说，教师要做到方法适切、差异对待。

1. 方法适切

"橘生淮南则为橘，生于淮北则为枳，叶徒相似，其实味不同。"同样的道理，想要提高教学的效率，就要选择合适的教学方法，避免出现"水土不服"

的现象。在教学过程中，适时地进行引导是教学取得成功的关键。心理学的研究证明，只有与学生年龄特征相符的教学方式，才会收到最佳的教学效果。譬如，"贴小红花"的表扬方式对幼儿园和低年级学生来说可以收到令人满意的激励效果，但是如果用到初中学生身上，学生就会觉得老师太幼稚，不会收到任何教学效果。

2. 差异对待

学生之间是存在个体差异的。高效的教学应该差异化地对待学生，让所有学生都能在原有的基础上实现较好的发展。以自主变式为目的的教学，必须找到学生产生问题的根源，把握学生的心理特点。教育的作用就是要使学生发扬优点和长处，克服短处和不足。因此，笔者认为要实现高效教学，教师就要自始至终地为学生的学习提供支持，为不同的学生提供不同的教学，促进学生有效地学习。

第四节　反思性原则

初中学生面临的学习内容逐渐增多，理论性和抽象性越来越强，很多学生感到数学越来越难学。在初中数学教学过程中，经常会听到学生反映听教师讲课似乎听明白了，但是自己做题却不知所措。这说明学生并没有将自己所学到的零散知识点和相关的知识点联系起来形成有序的知识系统，没有及时地对学习中涉及的知识、方法和思路进行反思。因为缺少科学的学习方法和良好的学习习惯，学生总是感觉被大量的学习任务压得喘不过气来，甚至有的问题，教师讲了好多次，学生还是一错再错。学生们经常看着似曾相识的数学题目无从下手。经历多次的打击之后，他们逐渐地失去了对学习数学的信心和兴趣。在初中数学教学中引导学生自主变式，就是要减轻学生的数学学习负担，提高初中数学教学的有效性，提高学生的数学学习能力。

近年来，反思能力的培养成了数学教学研究关注的热点。学生在学习数学和运用数学的过程中，会不断地经历直观感知反思和建构的过程，并在此过程中通过数学模式的思考做出判断。培养学生的反思能力，就是要使学生主动地参与到教学活动中，不断地积累经验，不断地增强思维能力，不断提高数学解题能力和学习数学的信心，进而形成浓厚的探索数学、运用数学的兴趣。因此，在引导学生自主变式时，也要引导学生积极地进行学习反思，改变学生的学习方式，培养学生终身学习的理念，有效提高教学效率。

反思本质上是情感参与作用的过程，这就使反思的动机显得非常重要了。教师在情感的基础上要注意激发学生反思的热情，尽量为学生营造一个有助于其反思的学习氛围，使其形成反思动机。在教学过程中，不妨经常问学生："有没有更好的方法？""为什么要选择这样的思路？"等，这些提问会诱发学生反思。

教师应该懂得根据教学内容和学生的学习需求来创设问题情境，从学生所熟知的生活经验和已有的数学知识出发，通过师生互动，引导学生完成自主变式，进而诱发学生的反思行为。例如，在学习了菱形的性质之后，笔者和一名学生在课堂上展开了讨论。讨论内容是菱形与一般的平行四边形有什么区别，有什么共同点。该学生马上就给出了一张表，罗列出了菱形的性质，但是翻遍课本也没有找到菱形与一般平行四边形之间的共同点。这个时候，旁边有学生提醒他：菱形实际上就是邻边相等的平行四边形。他这才恍然大悟。这样的课堂教学，气氛活跃，师生共同回顾了菱形和平行四边形的性质，并使两者建立了联系，学生学习兴致非常高。

在初中数学教学中，引导学生自主变式，学生通过一系列题的变式，可以及时发现自己学习中存在的问题和不足，及时将所学的新知识与原有知识联系起来，反思变式题组或变式问题的本质，反思问题与问题之间的联系与区别，反思新学知识与原有知识之间的联系，反思自己解决数学问题过程中的成功与失败。如果在教学中，教师引导学生结合课堂上学生自主生成的变式，及时地、经常性地进行反思：课前反思有没有遇到类似的数学问题，如果有，是如何解决的；课上反思教师讲的内容与自己预习时感悟的内容有什么不同，课前预习存在哪些不足，如何更好地预习；课后反思自己在本节课的学习中有哪些收获。总体而言，在初中数学教学中引导学生自主变式的反思性原则主要就是两个方面的内容：一是反思原式与变式之间的联系和区别，二是反思自己在学习过程中的得与失。

第五节　发展性原则

发展性原则的提出者是苏联心理学家和教学论专家赞可夫。赞可夫认为，教学的最终目的就是在保证学生实现一般发展的同时，实现尽可能大的发展。①他认为，苏联的教学体系过于重视知识、思想和方法的死记硬背，阻碍了学生智力的发展，而要解决该问题，就必须稳步推进教学改革，于是出现了发展性教学原则。其主要内容如下。

一、高难度、高速度原则

以高难度进行教学，就是指教学内容要及时更新，要满足学生的求知欲，使学生拥有智力发展所需要的精神食粮，加快学生的发展，但也要选择合适的难易度。例如，刚学习一次函数时，可以直接要求学生记住一次函数的性质，甚至可以让学生抄20遍。这并不是因为一次函数的性质难懂，而是因为教师所选的教学方法不科学，束缚了学生的思想。在传统教学模式下，我国的教师习惯于采用"填鸭式"教学，学生依照例题的模样来做课后习题，很少开动脑筋考虑如何解决实际问题。在赞可夫看来，高难度教学对应的是学生高涨的学习积极性，其教学基础是学生意识到学习并不是教师强加给他的任务，而是自己不得不做的事情。②

高速度就是以学生的身心发展水平为依据，不断地引导学生向前学习，不断地激发学生的学习潜力，尽最大可能给学生创造条件，使他们对所学的知识理解得越来越深入。也就是说，学生应该多自学，教师应该精讲少重复，通过教学的广度来增加教学的深度。

---

① 吴式颖. 外国教育史教程［M］. 北京：人民教育出版社，2010：746 – 748.
② 赞可夫. 教学发展［M］. 北京：文化教育出版社，1980：46.

二、促使包括学困生在内的全体学生共同发展的原则

这个原则特别重视学生兴趣的发展。在传统的教学中，学困生的发展是极为有限的，因为教师的注意力只集中在了少数优秀学生身上。赞可夫认为，只有使学困生树立起了学习信心，形成了强烈的求知欲，才能不断完善其心理品质，改变其学习困难的状况。因而，教学中应该尽可能减少学困生的思想负担，减少分数性评价和排名，适当地提问，使其逐渐形成较强的学习自信心。

根据赞可夫的发展性原则，在初中数学教学中引导学生自主变式，所有的教学行为都应该以促进学生的发展为出发点，要最大限度地满足学生发展的需要。教学设计必须要符合学生的实际情况，特别是要科学地选择教学方法、教学内容和教学组织形式。为了收到满意的教学效果，必须注意减少学生的学习负担，同时还要给学生提供带有一定挑战性的学习内容，注重引导学生思考和探索，做到让学生"自己挑、自己摘"，教师切不可"直接摘了桃子送给学生"，更不能"抱着学生去摘桃子"。在初中数学教学中，引导学生自主变式就是围绕数学本质，给学生提出在现有学习水平基础上经过努力可以达到的新要求，并不断地提升学习难度，及时提炼学生的数学思想、数学方法和解题策略，只有这样才是切实有效地贯彻了发展性原则。

在具体应用时需要注意以下几点。

1. 不以升学率为最终追求目标

按照赞可夫的观点，教学的根本目的就是使学生得到全面而快速的发展，激发其内在潜力，培养其基本素养。在《标准》中也提到，义务教育数学课程应该关注所有学生，激发其学习兴趣，在自主、合作、探究中实现全面发展，实现人文素养的提高、实践能力的增强和创新精神的发展。这与赞可夫提出的促使全体学生共同发展的原则是相吻合的。因而，赞可夫的发展性教学原则应该是当前基础教育课程的重要指导理论之一。

2. 合理分配教学时间和教学内容

在基础教育课程改革的大背景下，教师"一言堂"式的教学状况已经得到了明显的改观，学生已经走上了教学的主体位置，参与教学活动的积极性和主动性越来越高，课堂教学氛围逐渐变得活跃了起来。但是仍有教师在做一些毫无价值、毫无启发性的提问和形式上的讨论，浪费了宝贵的教学时间。但是在

社会看重升学率、学校领导只看教学成绩的背景下，教师能在短期内提升教学成绩的方法就是大量地占用学生的课余时间，甚至周末也要给学生补课，教学进入了恶性循环，师生都感到紧张和疲惫。学生想要应对巨大的考试压力，只能靠题海战术，教学重新回到了传统的教学模式上。而扼杀师生创造力的，就是传统的教学模式。国外学者对中国基础教育进行系统研究之后提出，中国所有的教学成就都离不开时间战术。

赞可夫提出的高速度、高难度的发展性原则，现实性和针对性都很强，有助于教学质量的提高和学生的全面发展。在初中数学教学中引导学生自主变式的教学模式也借鉴了赞可夫的这一教学原则。

3. 强调学生创造力的培养

不管是 21 世纪初提出的"三维一体"教学目标，还是新《标准》提出的"四基"目标，都要求教师在数学教学过程中既要重视数学知识的传授和数学技能的掌握，也要注重师生关系的构建，建立畅通无阻的师生情感交流渠道。在教学过程中，教师是学生学习的示范者，以教学激情和必要的语言行为引导学生完成自主变式，以严谨的教学态度为学生树立学习的榜样，形成融洽的师生关系，促进学生的全面发展是当前新课程改革的终极目标，这一目标所体现的正是发展性教学原则。

第六章

在初中数学教学中引导学生
自主变式教学策略的构建

　　教学策略是当前教育研究的热点话题之一，对于教学理论研究的深化和推动教学改革都具有重要的意义。但是，人们对教学策略的认识并未达成一致意见。国内外学者对教学策略的界定既有共性，也存在一些差异。其共性就是将教学策略界定为围绕既定的教学目标，依托特定的教学情境，进行教学方法的选择、教学材料的组织、师生行为的规范等；差异主要在于：有些人认为教学策略等同于教学思想和教学模式，有些人认为教学策略就是教学方法，还有些人认为教学策略就是教学方案。存在差异的原因就是人们对教学设计、教学方法、教学模式、教学思想等基本概念认知的不同。①

　　笔者认为，教学策略就是以促进学生有效的学习为目的，所做的教学准备活动、实施的教学活动、根据教学实际所做出的调整以及教学完成之后所做的教学反思；其本质就是基于特定教学理论的教学元认知。在初中数学教学中引导学生自主变式的教学策略研究是本研究当中的主要部分，将综合应用多元表征教学理论、变式教学理念和初中学生的心理发展理论等，提出对应的教学策略，形成特定的教学策略体系。

第一节　确定教学策略的依据

　　自主变式的本质是一种手段，其目的是为了培养学生的数学思维和创新思维，其主要理论基础是多元表征教学理论。在初中数学教学中引导学生自主变式，实际上就是新课程所提倡的自主、合作、探究的教学理念在教学实践中的具体体现。为了构建在初中数学教学中引导学生自主变式的教学策略，需要借鉴传统的教学经验，需要结合教育需求、数学学科的特点和教学实践进行具体设计。传统的教学经验、现代教育理念、数学学科特点、学生心理发展规律和

---

① 和学新. 教学策略的概念、结构及其运用［J］. 教育研究, 2000（12）：54－58.

教学设计理论都将成为构建在初中数学教学中引导学生自主变式教学策略的理论依据。

一、认知理论角度的分析

1. 对多元表征的变样反思

根据胡塞尔的现象学，认识事物本质的过程就是不断地变样的过程，即对事物不同形态和不同侧面的分析，是认识事物本质的必经之路。胡塞尔将自由想象出现的事实性之物称为"变样"①。这些观点对于引导学生自主变式具有一定的启示。

现象学认为，本质就是事物独有的特征，是一个事物区别于其他事物的标志。这一标志是可以纳入观念中的。经验或者个别的直观可以通过观念化作用转化为事物的本质。因此，对于观察者来说，自己所感知的事物就被认为是相应的本质，而不会去考虑自己观察到的事物是否是该事物与其他事物的不同之处。个体经验或直观观察是本质观念的基础，而观察到的现象就是表征。数学知识的学习同样也不可能离开直观的表征而存在。

现象学又认为，对事物的观察可能是一种充分的观察，也可能是不充分的观察。如我们能够感知到声调的本质，但是这种感知是不完善、不充分的。认识事物的特殊性就是这样的，对事物本质的认识只能是单面的或者是连续多面的，永远也不可能是全面的。相应地，对于事物某一方面的了解，只能是在不充分的、片面的经验直观中呈现出的经验和表象，而不可能全面地反映事物的本质。相对应地，只有借助"单面"的经验直观，才能认识这些单一的本质特征。这种情况适合对事物本质的某一方面进行说明，也适合对事物外延的某一部分进行说明。如果进行深入的考查就会发现，这一规律是适用于一切的现实对象的。于是，"单面性"和"多面性"就有了确定的意义。这也说明，在对事物本质的认识过程中，进行多元表征是很有必要的。

意识和对象之间是平行的关系，意识是指向事物本质的、具有层级性并不断变样。反思所有的变样，就会获得成效明显的体验，有利于对事物本质的认识。在对学习对象连续、全面而有成效的变样意识体验中，人们所获得的是与

---

① 倪梁康．胡塞尔现象学概念通释［M］．北京：生活·读书·新知三联书店，2007：483.

事物相关的各种表征，借助这些表征才能理解事物的意义和本质。

现象学认为，变样反思是认识事物本质时所要经历的过程，变样反思就是在不断的体验中形成连续的意识流。形成这些意识流的前提是观察、陈述和表征事物。反思在现象学中的重要性就如同活动之于数学一样。如果没有过程体验，只是进行反思性的陈述，如并不陈述"两点确定一条直线"，而是陈述"我判断，我刚才就是在思考和判断"，则是被动的判断，并不能起到认知事物本质的作用。

被把握的本质只是关于被反思的体验本质。对于想象出来的物体，分析其显现方式，感受对应的"感觉侧显"，借助对其侧显功能及其作用的分析，才能领悟其中蕴含的本质。在遇到物体时，人们所看到的不一定是其显现方式、侧显材料，不可能获得全面的认识，不能一下子抓住事物的本质。因此，应该不断地反思，不断地调整认识和分析的方向，体验事物的变样，于是就会发现事物的新特征，找到并体验新的事物的本质组成。即使在变样过程中无法断定自己感受到的是不是事物的本质，但至少也会给人以更加全面的认知事物本质的可能性。

学习数学知识必然要把握数学的本质特征，这就要求学生在学习过程中不断完成意识改造活动，一直到认识所学内容的数学本质为止。但是，在此过程中，学生总是要依靠直观的经验体验，总是要不断地进行反思。多元表征就是一系列个性化的意识或意象经验，是沟通现实世界和意识世界的桥梁。数学学习需要多元表征这个工具，只有依靠这个工具，才能把握数学本质，才能实现两个世界的转换体验。现实世界是由可能世界和非可能世界共同组成的复合体的一个特例，这些世界是由经验意识反映其本质的一切事物组成的，这里所说的意识就是程序性的经验联结体。这就是多元表征的变样反思。

2. 多元表征的转化联系

在 20 世纪，双重编码理论是具有影响力的认知理论之一。多元表征的研究者都是以双重编码理论作为研究根基的。德国科布伦茨兰大学的肖茨将双重编码理论扩充为新双重编码理论。对于多元表征来说，不管是双重编码理论还是新双重编码理论都具有重要的启示意义。

（1）双重编码理论的基本观点和启示。按照双重编码理论，人类是通过两个专门的表征系统来实现信息加工的。加拿大心理学家帕维奥（Paivio）等人将表征系统分为语言系统和心像系统两类。语言系统的最小表征单元为语言编码，心像系统的最小表征单元为心像编码。语言系统是专门用于处理语言编码的，也称之为语言编码系统；心像系统则是以心像编码为处理对象的。

语言编码是语言生成器，可以因外部刺激而被激活，也可以因语言系统中其他语言编码的激活而被激活。同样，心像编码是心像生成器，其激活原因既可能是外部刺激，也可能是其他心像编码。

在表征系统中，语言编码和心像编码都是多元化的，表现方式多种多样。以感觉通道为标准，可以将语言编码分为视觉语言编码、听觉语言编码和触觉语言编码三类。当语言编码通过视觉通道传递到大脑时，人们就会形成"看到"的表征，呈现出字母、数字、图形、符号等；当语言编码通过听觉通道传递到大脑之后，人们就会在头脑中出现"听到"的表征，如音色、音调、音质等；在接收到触觉通道传递过来的语言编码后，头脑中就会出现触觉的表征。

与语言编码相比，心像编码的形式更加多元化。除了视觉、听觉、触觉之外，心像编码还具有味觉和嗅觉的形式。由视觉通道传递进来的心像编码，会使人产生"看见"物体或情境的表征；由听觉通道传递进来的心像编码，会使人产生"听见"声音的表征；由触觉通道传递进来的心像编码会产生接触物体的表征，形成对物体质量、硬度、温度等相关的触觉；由味觉通道传递过来的心像编码会在头脑当中形成酸、甜、苦、辣等不同味道的记忆；由嗅觉通道传递过来的心像编码则会形成不同的气味的记忆。

在信息加工过程中，语言系统和心像系统既相互独立又相互联系。其联系体现在表征加工、参照加工和联想加工中。表征加工是指语言系统或心像系统的最初激活，是内部编码系统受到外部刺激的结果。具体来说，表征加工就是指记忆系统因为受到外界的语言刺激而生成或激活的特殊的语言编码；而记忆系统中接收到的非语言刺激就会形成或激活心像编码。

参照加工就是语言系统和心像系统之间相互激活和参照性的联系，也就是说语言编码和心像编码两者之间因为相互参照而形成了联系、转换和转译，但是这两个系统之间想要实现相互激活、联系、转换或转化并不容易，需要经常有意识地参照加工才能完成。这里的参照加工只要建立了，再次遇到类似的情境或刺激，两个编码系统就会进行参照加工。当然，过于抽象的语言编码或不能命名的心像编码是不能激活另一种编码系统的。

联想加工指的是同一编码系统内部的激活和扩散，或者说是语言系统中的一种语言编码激活其他形式的语言编码，心像系统中的一种心像编码被另一种心像编码激活。因为有了联想加工，属于同一系统而形式不同的编码之间建立了相互联系，可以实现编码系统内部的完善操作。

一般来说，只要是外部刺激，不管其是不是语言形式的，都会因为感觉记忆登记而被遗弃一部分，而其他部分则会在表征加工之后激活语言编码或心像编码。随后两个系统通过参照加工实现不同编码系统的转译或转换，完成系统内部的联想性加工，而后借助感觉输出系统做出语言反应和非语言反应。当然，表征加工、参照加工和联想加工并没有严格地按照固定的顺序一次性完成，往往都要经历多次循环加工。

在双重编码的基础上，研究者们做了大量的实证研究，形成了诸多有意义的成果，如图形优先效应（图形的记忆效果要比文字好，图形对应的心像编码比文字对应的语音编码转化成语义的速度要快，在由心像编码向语言编码转换的过程中语音具有较强的作用）、具体性效应（具体的语言在形成语言编码时具有优势，提取的正确率也要高于抽象的语言；具体的图像比抽象的图形更容易转换成图像编码，且具体图像的提取正确率也要高于抽象的图像）。

在初中数学教学中，变换的应用较为普遍。变换既是一种思想，也是一种学习内容。如在解方程或方程组时的同解变换、定理和公式的等价命题变换等都属于语言系统内部的变换，同一数学模型不同形式之间的转换、几何图形的等积变换等属于心像系统内部的变换。

编码转译指的是不同系统之间的相互转化和转译。在初中数学中，转化既是常见的数学思想和数学方法，也是数学学习的重要内容。其中最为典型的就是数与形、式与形、代数与几何之间的转译。心像编码的加工具有整体性、嵌套性、动态性和共时性的特点。

不管是发生在表征系统内的转换，还是发生在表征系统之间的转译，其过程都是复杂的，都不能轻易发生。根据双重编码理论，转换和转译的发生需要借助一定的条件。一是要求外界多元化表征系统可以相互转换和转译，也就是说只有多元表征信息之间可以相互解释、相互沟通、相互补充时，与之对应的内化编码就容易发生转换和转译，这时就说多元表征信息本身的转换与转译成了编码之间转换和转译的直接推动因素。如果多元表征信息本身并没有包含转换和转译，但是由多元表征激活的语言编码或心像编码的形式和内容之间可以完成相互参照加工或联想加工，也能形成转换和转译的过程。二是转换和转译是以学生原有的知识经验为基础的，对学生本身的认知策略和元认知策略的依赖性较强，也与外在的教学导向有关。也就是说，转换和转译即使可能发生，也不会自觉地发生，甚至还可能出现方向性的错误，因此需要外部的教学进行正确的引导。

由上可见，多元表征不只是一种外在组织，而且是一种内在组织，是由语言编码和心像编码之间相互作用形成的。语言编码和心像编码之间的转化和联系也要借助表征加工、参照加工和联想加工才能进行。

（2）新双重编码的基本理论及启示。德国科布伦茨兰大学的肖茨等人以符号学理论为基础，提出了新双重编码理论。他们的研究表明，内在表征和外在表征具有对应性、同构性和相似性。与外在表征一样，内在表征也可以利用叙述性表征和描绘性表征来加以区别。对于内在表征来说，叙述性表征包括浅层语言性组织和深层概念性组织。视知觉、视觉心像和心智模式都属于描绘性的内在表征。视知觉和视觉心像是以视觉性的组织为主，心智模式则和实际对象具有同构性，实现了心像的精致化，是抽象意义较强的概念组织特征。

在肖茨等人看来，文本等属于外在的叙述表征，其转化而成的内在的叙述性表征可分为两个层次：一是文本的浅层或表层结构的概念表征，二是深层结构的命题表征。但是，不管哪个层次的表征，本质上都是语言表征，加工过程以符号结构分析原理为基础。

图形等外在的描绘性表征所转化成的内在的描绘性表征也分为两个层次，即视知觉/视觉心像和心智模式。这两种内在的描述性表征的实质都是类比表征，和外在描绘性的客体具有相同的结构，即内在表征的机能和外部客体的结构具有相似性，就如同心理旋转与客体的物理旋转的对应关系一样。内在的描绘性表征与外部客体的同构关系就像是锁和钥匙的关系一样，实体虽然不同但机能上却存在着对应关系。因此，描绘性表征的加工基础主要是类比结构对应原理。

在学习过程中，学生在外界叙述性表征和描绘性表征的基础上，通过信息加工会形成四种层次不同的内在表征，即文本浅层表征、命题表征、视知觉/视觉心像和心智模式。从形成过程看，这些表征都是由认知图式驱动完成的自上而下的加工和在信息刺激驱动下完成的自下而上的加工的交互激活过程，这一过程既具有选择功能，也具有组织功能。

通常来说，文本表征信息的选择是先通过自上而下或自下而上的方式激活的，而后经过选择的文本信息在经过语义加工组织后，形成与文本信息一致的浅层表征，然后再经过文本浅层表征的语义加工产生命题表征。

图形表征信息的选择是通过自上而下或自下而上的方式被激活，而后以格式塔原理为基础形成视知觉/视觉心像，然后通过主题选择性结构对应加工形成心智模式。

如果教学中呈现的只是文本表征和图形表征，学生通常只进行单一的加工；而如果呈现由文本和图形共同组成的多元表征，就会同时发生前面提到的两个过程，并且不同层次的表征会形成附加的交互加工。如命题表征主要源于文本加工，但也可能源于描述文本的心像的附加加工。特别是命题表征和心智模式可以借助模型建构和模型检验实现相互转译和补充，以形成概念性的抽象组织形式。

上述分析表明，多元表征相互转化是以相互弥补和激活为前提的，多元表征的选择和组织是在含混中完成的并形成了知识学习的抽象表征。以表征为目的进行教学，应该强调文本表征信息和图像表征信息之间的相互作用，这将使概念性抽象组织的形成更加顺畅。

3. 多元表征认知负荷的减少

20 世纪 80 年代末 90 年代初，澳大利亚教育心理学家约翰·斯威勒（John Swdler）提出了认知负荷理论①。该理论对认知心理学、教育心理学、学科教学都产生了深远的影响，对于在初中数学教学中引导学生自主变式的优化具有启示意义。

所谓的认知负荷就是人们在学习或解决问题的过程中，因为信息加工而消

---

① 蒋荣清. 基于认知负荷理论的数学课堂教学策略 [J]. 数学通报，2018（1）：39-42.

耗的认知资源的总量。① 该理论的基本假设是：人类的认知结构分为工作记忆系统和长时记忆系统，工作记忆系统加工信息的空间极为有限，保持时间很短。人类的长时记忆系统是对经工作记忆系统加工的信息赋予意义，并将其贮存起来。认知心理学家普遍认为，长时记忆系统的贮存容量是无限的，并且能够永久地保存相关信息。

长时记忆中信息的编码类型是多种多样的。如果是图式编码，则工作记忆加工信息时所要承受的负荷就较小。根据图式理论，图式是复杂记忆的结构，是由许多信息元素编码组成的组块式的、意义丰富的信息单元。工作记忆在对新信息进行加工时，需要先完成新信息的编码，并从长时记忆中检索和提取与之相关的信息。

工作记忆对信息加工的方式分为有意识的加工和自动化的加工两种。有意识的加工所消耗的工作记忆资源较多，自动化的加工因基本上不受意识监控而只需要耗费极少的工作记忆资源。不管是哪种加工方式，最容易为工作记忆检索和提取的信息单元就是图式。图式中蕴藏有丰富的信息单元，工作记忆进行检索和提取时负荷就小。在图式的支持下，工作记忆对负荷的要求就会降低，同时有效负荷水平提高，新图式的获得和图式的自动化变得更加容易，自动化的图式更容易为工作记忆提取，这就使工作记忆有更多的富余资源用于其他信息的加工。从一定程度上说，自动化的图式就是工作记忆的中央控制，可以直接驱动操作。专家与新手之间的本质区别就在于专家具备图式驱动化的认知，而新手的认知是建立在知识与技能驱动的基础上的。因此，新手成长为专家的过程必然要经过图式建构和图式自动化的过程。

在以上假设的基础上，斯威勒等对认知负荷理论进行了拓展，认为所有的教学活动都会引起三种不同的认知负荷，即内在认知负荷、外在认知负荷和有效认知负荷。内在认知负荷指的是工作记忆因为对教学内容本身的认知加工而形成的认知负荷。这种认知负荷是由教学内容本身造成的。工作记忆在加工包含于教学内容中的信息时，通常都是同时加工元素及元素之间的交互作用的，只有这样才能做到对教学内容的全面理解。如果有的元素或元素的交互性不能同时被加工，学生对教学内容的理解就是片面的。当教学内容中包含的信息元

---

① 龚德英，刘电芝，张大均. 元认知监控活动对认知负荷和多媒体学习的影响 [J]. 心理科学，2008, 31 (4): 880－882.

素数量太多，而且各元素之间具有很强的交互性时，教学难度就大，工作记忆难以进行认知加工。内在认知负荷在一定程度上反映了教学内容的复杂性或教学难度，教学内容越复杂、难度越大，工作记忆所承受的内在认知负荷就越大。此外，内在认知负荷还与学生的知识经验有关。同一教学内容面对不同的学生展开教学，学生感受到的内在认知负荷并不相同。数学教学内容较为抽象，对内在认知负荷的要求较高，学生普遍认为该学科难以理解。如解方程 $\frac{6x}{5} - 5 = 14$ 需要先完成移项、去分母、约分等基本操作，而这些操作所涉及的基本元素相互联系、相互作用，信息结构较为复杂。如果在学生的记忆中不存在相关的图式，工作记忆进行信息加工时就要承受较高的认知负荷；相反，如果学生的长时记忆中存在相关的图式，移项、去分母、约分等就可以压缩成一个操作了，这样更便于工作记忆的提取和加工，内在认知负荷相对较低。多元表征是一种信息加工工具，经过多元表征而形成的图式可以获得更高的信息加工效率，有助于促进学生认知的发展，有助于提高教学效率。

外在认知负荷指的是因为教学设计不恰当而形成的与认知加工不直接相关的、增加工作记忆负荷的活动。外在认知负荷的产生主要有两种原因：一是不当的教学信息呈现方式导致学生的工作记忆偏离头脑中已经形成的图式，进而形成的不必要的认知操作；二是不合理的教学活动设计使工作记忆出现的不必要的认知操作，如不合理的变式提问会把学生的思维引向与学习主题无关的活动。因此，外在负荷也可被称为无效负荷或无关负荷。变式教学就是为了提高学生的认知水平，但如果选取的变异空间和维度不合理，就有可能形成外在的无效负荷。在初中数学教学中，引导学生自主变式的目的就是要通过学生的自主参与来减少外在的负荷。

有效认知负荷指的是因为对教学内容实质性认知而使工作记忆承受的负荷。实质性认知指的是多元表征图式建构和图式自动化活动及相关活动，这是有意义的学习所不可缺少的认知操作。因此，有效认知负荷也被称为密切关联认知负荷。对于学生的学习来说，有效负荷的来源主要是学生以教学内容为对象进行的实质性的认知操作。例如，在全等三角形知识的学习中，学生以信息表征、信息选择、推理比较为特征的活动都属于有效负荷。

由于内在认知负荷、外在认知负荷和有效认知负荷是同时存在的，三者之和不能超过工作记忆的总负荷，所以想要取得满意的教学效果，就要在进行教学设计时，科学地处理好三种认知负荷的关系，确保将三种认知负荷之和控制在工作记忆的总负荷范围之内，否则将不可能获得令人满意的教学效果。

认知过程是外在信息结构与认知结构之间相互作用的过程。认知结构是由容量有限的工作记忆系统和容量无限的长时记忆系统共同组成的。因此，在初中数学教学中引导学生自主变式的出发点就是让学生在自主变式的过程中完成多元表征，以实现教学信息结构的优化和学生本身认知结构的充分利用。

一方面，对于特定的教学内容或认知任务来说，容量有限的工作记忆成了认知加工的限制性因素，而且这一因素是不可能改变的。因此，想要利用有限的工作记忆完成对内容复杂的教学信息的加工，就必须要对教学内容的结构进行优化，以减少其外在认知负荷和内在认知负荷，将复杂的教学内容变成工作记忆系统可以加工乃至有效加工的信息结构。

另一方面，长时记忆系统拥有容量无限的图式贮存空间，而图式不但为工作记忆提取和加工信息提供了方便，还可以直接驱动操作。因此，教学设计必定要充分利用长时记忆中已经存在的图式。但是图式的形成和发展是通过对复杂信息分解、重新编码后整合而成的组块化的信息单元，需要经历图式建构和图式自动化的过程，因而教学设计应该增加有效负荷，需要推动或强化多元表征图式建构及其自动化活动。

内在认知负荷是教学内容所固有的，但是教学设计会因为教学目标的不同而产生不同的内在认知负荷。对于学习过程和结果来说，外在认知负荷是额外负担，但是通过引导学生自主变式可以尽量地控制和减少外在认知负荷。有效认知负荷是工作记忆系统利用长时记忆系统中已经存在的图式或图式自动化进行的认知操作，有助于高效地完成既定教学目标，在教学设计中应该设法增加。内在认知负荷、外在认知负荷和有效认知负荷具有可加性，想要收到理想的教学效果，最基本的原则应该是"减负增效"，即尽量减少学生在自主变式中形成的外在认知负荷，多元表征内在认知负荷，尽量增加抽象表征的有效认知负荷。抽象表征的有效认知负荷的增加通常是在减少自主变式的外在认知负荷和多元表征的内在认知负荷的基础上实现的。总之，不管是减少外在认知负荷和内在认知负荷，还是增加有效认知负荷，都是为了使三种认知负荷的总和处于工作记忆可承受的范围之内。

二、活动方式角度的分析

1. 教学是一种双主体活动

（1）关于主体地位的讨论。华东师范大学郑金洲认为："课堂不是教师表演的舞台，而是师生之间交往、互动的舞台。"有人总是习惯于把教师的课堂行为和舞台表演艺术进行类比，认为课堂就是教师表演的舞台，只要教师表演得到位就会收到理想的教学效果，教师是不是高明只需要看其教学表演艺术的好坏就行了。这种说法虽然有一定的合理性，毕竟教师的教学行为和舞台表演行为之间具有一定的相似性。但是，如果教师只是像演员一样表演，亦步亦趋地呈现教学设计，而学生也只是静静地看教师的表演，双方既没有行为上的交流，也没有思想上的沟通，教学就成了完全无视学生的活动。教学说到底还是一种交往行为，教师拥有再高的表演水平，拥有再强的表现能力，也只能代表教师自身的角色塑造能力和水平，而不能说明学生参与教学的情况。也就是说，表演远没有教学的互动性和交往性强。只是单纯地表演，而缺少了真正有效的交往和互动，学生将无法产生知识的内化，无法实现能力的实质性增长。因而，衡量一堂课的标准并不是板书是否整洁、举止是否大方，而是师生之间的互动是否充分、是否有效。由此来看，教学过程就是教师和学生之间进行的、以教材为媒介的、有目的有计划的活动，这就是人们所说的教学的"双边活动说"。

"双边活动说"认为，教学活动是一个整体，是由教师和学生共同参与、共同完成的认知活动，教师和学生都是教学活动的认知者和实践者，都拥有认识事物和开展实践的能力。因此，"双边活动说"的本质就是把教学过程看成认知过程和实践过程的统一体，认为教学过程就是师生之间进行双边活动的过程。

教学活动的双边性体现于整个教学过程中，双方的活动是相互依存、相互渗透、相互支持、相互转化的，缺少了任何一方的参与，教学过程都将无法进行。如果只有教师的教而没有学生的学，就只是教授过程而不是教学过程；相反，如果只有学生的学，而没有教师的教，就成了学习过程。在教学活动中，教师起主导作用，学生发挥的是主观能动性。教师的教不能替代学生的学，学生的学也必须以教师的教为指导。如此一来，师生之间就形成了一个双重双边、立体动态的关系，教学过程就成了动态开放的系统结构。

　　教师的教与学生的学的结合是教学活动的关键点，在初中数学教学中引导学生自主变式正是为了弥补教和学之间的缝隙，使教学成为以教师为主导、学生为主体的、高效合理的过程。

　　（2）关于主体交往的讨论。维果茨基认为，人的心理的发展是以交往过程为媒介的、人类历史发展成就的客体化的结果，也就是说人的心理发展都是与社会环境、文化环境和个体经历相关的。在教学过程中，学生就是在教师的引导下完成的由外部活动到个体内心活动的过渡。① 因此，季亚琴科认为，教学的本质就是师生之间的相互作用。如果没有了师生之间的相互作用，就不再存在教学活动了。师生之间的交往是一种特殊的交往方式，双方具有高度的自觉性和目的性，借助教材完成了文化的传承和创新，最终达到了促进学生发展的目的。

　　师生在教学中的交往是以对话的方式进行的。在对话过程中，师生双方都没有把对方看作一个对象，而是将对方视为与自己讨论共同文本的对话的人，师生双方都是以真实的完整的人的形式而存在的。对此，联合国教科文组织国际教育发展委员会的《学会生存》指出：未来的学校必须要将学生当成知识的最高主人，而不应该将其视为知识的被动接受者，必须要将学生转变成自己教育自己的主体，学生必须成为自我教育的人。在师生对话过程中，应该注意培养学生生活的意识和生活的态度，通过对话实现人与人、人与自然、人与文本之间的沟通和交往，使学生切实感受到学习过程与其生活过程是统一的；教师也应该将教学过程当成自己生命活动的组成部分，在教学中实现自己的价值。

　　在对话式的教学过程中，师生共同接受交往形成的"文本"，共同实现传承文化的活动，通过协商不断形成新的"文本"，对对方产生影响，完成文化的创新。在初中数学教学中，引导学生自主变式的教学操作，就是以对话为基础，发挥学生的主体地位，使其自觉地追问、批判和反思，既学习数学知识，又得到情感和意志的培养。

　　在初中数学教学中引导学生自主变式教学，注重教师的引导，更注重学生的主体参与性。教师的引导是为了使学生完成多元表征和自主变式，学生的多

---

① 刘静怡. 从维果茨基文化历史理论看当前课堂教学中的合作学习 ［J］. 现代教育科学，
　　2017（6）：64 - 68.

元表征和自主变式是为了更好地实现教学定位。师生之间的主体活动相互配合，共同实现变式和表征的有效衔接，实现师生思维的和谐统一。因此，在初中数学教学中引导学生自主变式，提高师生双边活动效率，确立了双主体地位，有助于学生数学思维和创新意识的培养，实现了教学效率的提升。

2. 教学是师生共同完成的建构活动

（1）学生是知识的建构者。在建构主义中，最为核心的思想就是将学习视为学习者积极主动地进行建构的过程，是知识建构的主体。从学的角度看，教师和教材都属于外部因素，必须要通过学生的内因才能发挥作用。在学习过程当中，学生根据学习材料的特点，制订学习目标，并围绕学习目标积极主动地进行问题探究和知识建构活动，同时对自己的学习行为进行诊断、监视和调控，最终实现教学目标，这便是学生作为学习主体的体现。

建构主义特别强调学生在教学中的中心地位。教师设置问题情境，组织师生活动，学生在与教师和同学的交互过程中完成知识的理解、重组和改造，进而完善自己的知识建构。建构主义认为，应该给学生创设信息多元、观点多元的学习环境，鼓励学生提出多样化的观点，并引导学生对各种观点进行分析和综合，形成一个更加全面和科学的观点。这样学生就以多元表征为手段，从不同的角度对所学的内容进行了探究，体现了自己的创造性。

（2）教师是学生知识建构的促进者。在主体教学论看来，教学过程是一种主体间的实践、交往和认识活动，是借助多种媒介完成的多级主体间的交往活动的过程。其教学范式为"主体—媒介—主体"。教师和学生都是教学活动的主体，知识是促进学生发展的手段，而教学活动的方式则是交往。

建构主义理论吸取了主体教学论的主要思想，对教师的角色给予了准确的定位。首先，教师是教学环境的建构者。教师在教学之前要了解学生已经学过的知识，了解学生头脑中已拥有的数学知识，进而制订教学计划，选择教学所需要的器具、场所、策略等。其次，教师是学生知识建构的促进者。在教学活动中，其一切行为都是为了鼓励和协助学生完成知识的自我建构。最后，教师是学生知识建构的评价者。教师需要对学生的知识建构活动的过程和成果做出评价，指出其优点和不足，明确学生以后努力的方向。知识建构不会因为个体对知识理解水平的不同而出现明显的差异，而是因为师生的共同建构而趋于一致。因而，在教学过程中，既要求教师在某个阶段"隐藏"起来，为学生发挥学习的自主性提供支持，置身于学生的角度来倾听学生的观点，给予学生辩护的权利和地位，支持学生对解决问题的过程和认知策略进行反思；也要求教师在特定的阶段适当地展示自己，对学生提出的问题或学生学习中出现的问题加以解答，给予恰当的评价，引导学生完善自己的知识建构。

（3）建构主义教学模式及其启示。

① 抛锚式教学模式及其启示。抛锚式教学模式是温特比尔特认知与技术小组提出的一种教学模式，主要代表人物为约翰·布朗斯福特。该教学模式的主要目的是为学生提供完整而真实的问题情境，激发学生的学习需求，引导学生互动、交流、合作，主动地学习，生成性地学习，亲自经历由目标识别到提出目标再到达成目标的全过程。因而，抛锚式教学模式是使学生适应日常生活，学会独立识别问题、提出问题和解决问题的重要途径。[1] 其教学策略主要有以下四点：

一是根据学生的最近发展区，为其提供必要的学习帮助或"脚手架"，支持其理解知识；二是围绕既定的教学目标，引导学生自主实践，使其自主完成学习任务；三是鼓励学生主动学习，发挥其学习的主观能动性；四是提供合作学习，让学生在学习的过程中进行充分的互动。

在初中数学教学中引导学生自主变式，其实质也是让学生在有形和无形的"锚"中学习。教师在教学中所创设的问题情境就是有形的锚，而隐藏在问题情境之后的数学本质就是一种无形的"锚"，有形的锚的变式是以无形的锚为核心安排的。不管是有形的锚还是无形的锚都是为了引导学生探索和分析数学概念和数学问题。

② 随机访取教学模式及其启示。随机访取教学模式是以建构主义学习理论的分支——认知弹性理论为指导的教学模式。该教学模式指的是基于教学目标、教学时间和教学情境的不同，对同一教学采取不同的呈现方式，帮助学习者从多方面来探索和理解学习内容，形成多种意义建构的教学模式。该教学模式的基本特征就是在不同的教学情境中引导学生从不同的角度来建构知识，获得可以广泛、灵活地迁移的非结构化的知识。在这一理论的基础上，教师呈现主体应该采用多种形式，对知识进行多元表征，通过多种途径应用知识，从不同的

---

[1] 高文，王海燕．抛锚式教学模式（一）［J］．全球教育展望，1998（3）：68-71.

侧面理解所学知识。

在认知弹性理论中，学习被分为初级学习和高级学习两种。初级学习是学习中的初级阶段，主要是还原倾向的简单化学习，即主要是要求学生将所学的知识简单地再生出来，所学的主要是结构良好的知识。高级学习则是要求学生掌握所学内容的复杂性，能将所学内容广泛而灵活地应用到具体的情境中。随机访取教学模式主要是针对高级学习设计的。

在初中数学中，简单概念的学习和应用属于初级学习，涉及多种概念和命题的学习较为复杂，属于高级学习。高级学习需要对所涉及的概念进行概括，以形成可以统领所有概念的结构模式，这与由多元表征到抽象表征的道理是相同的。为了获得更高的学习效率，弹性认知理论重视情境脉络变化，而情境脉络的变化本质就是呈现一类问题的不同变式，使学生更好地掌握问题的解答模式；但是这是一个抽象的表征，学生需要在变化的情境中完成内外表征的转化加工，才能将所学内容推广为灵活的、适用于不同情境的高级知识表征。

第二节　在初中数学教学中引导
学生自主变式教学策略

如何针对初中数学教学内容和学生的心理特征，有效地引导学生自主变式，更好地实现预定的教学目标？如何强化"双基"学习，引导学生积累基本数学活动经验和基本的数学思想方法？如何以传统的优秀经验为基础，培养符合时代要求的数学素养？这些问题都需要在课堂教学中实现，需要在实践经验和理论思考的基础上实现教学创新，需要走理论与实践相结合的道路。

如前所述，在初中数学教学中引导学生自主变式就是为了引导学生完成学习材料的多元表征，使其全面地理解所学知识，通过变式引导学生实现多元表征之间的转换，进而形成抽象表征，把握知识结构，这是学生形成多元表征的阶段。学生在多元表征的基础上，通过自主变式，得到各种表征的重新组合，形成利用新知识解决数学问题的策略，这一阶段被称为多元表征应用。这两个阶段相互配合，实现了由教学表征向学生表征的转化，有助于提升学生的数学思维和创新意识，有助于培养学生的认知迁移能力和元认知。按照新课程理念，数学教学就是以心理模型来描述数学活动，实现数学知识和社会问题（现象）的相互作用、相互影响。具体到初中数学教学，新课程理念的落实需要具体到各个教学环节。在初中数学教学中引导学生自主变式正是为了加强数学内容之间的联系，训练和强化学生的反思意识，久而久之，学生就会对数学深刻理解，掌握数学解题策略，实现对教学难点的理解和数学解题策略的拓展应用。

一、在初中数学概念教学中引导学生自主变式的教学策略

1. 关于教学设计

通常来说，数学概念的学习过程为"动作—过程压缩—对象—图式"，其

学习程序为"具体—表征—抽象"。学生通过对数学概念产生过程的讨论，深刻理解数学概念，形成抽象认识，将新学的概念纳入已有概念系统当中，实现数学认知结构的完善。想要培养学生的数学能力，就要让学生参与数学概念模型的发现、数学材料的分析归纳、概念模型的运用分析等。要完成这些学习任务，学生就要完成数学概念的多元表征学习，而引导学生自主变式是实现多元表征学习的最好方式。因此，从自主变式和多元表征的角度来设计初中数学概念教学，更有助于学生对概念的理解，教学针对性更强。

在具体数学概念的教学中，首先应该了解概念的来源、用途和发展趋势，这就对数学概念的来龙去脉做了讨论。其次应该讨论数学概念在初中数学中的地位、与其他概念之间的联系、包含的数学思想方法，这就对概念的组成结构做了深入的分析。当然，在进行教学设计时，还应该考虑到初中学生的心理发展规律、素质教育和新课程改革的要求、学生的数学思维水平等，以增强教学设计的实效性和针对性。

以下以北师大版八年级上册第四章第二节《一次函数》为例来加以说明。

（1）概念背景的分析。一次函数是由代数式、一元一次方程和一元一次不等式抽象而来的，学习一次函数可以使学生对函数及其实际应用形成具体认识，更加深入地理解一元一次方程和一元一次不等式，并为二次函数的学习奠定基础。在初中数学中，一次函数具有承前启后的重要作用。从第四章来看，一次函数的学习既是为了使学生深入理解第一节所学的函数的概念，也是为了给学生提供一个具体的函数模型。一次函数是函数概念的下属概念，是较为简单的函数，但从中可以找到最基本的函数的研究方法。对一次函数的理解是对函数概念理解的深入，从中可以看到一元一次方程、一元一次不等式的影子，但是又有明显的区别。对于一次函数和一元一次方程、一元一次不等式的深入理解将会让学生建立起更加完整的知识结构，使其更好地建模和应用。当然，与其他的数学概念一样，一次函数也有与之对应的数学思想和数学方法，如数形结合思想、函数思想、待定系数法等，这些需要学生借助具体的操作去理解、体会和应用。初中学生的心理特点表现为自我意识逐渐增强、好奇心强、注意力弱、情绪波动大、充满幻想，正处于由具体思维到抽象思维过渡的时期，遇到问题喜欢钻研，学习成绩出现了分层的趋势，出现了大量的学困生，初中数学教学遇到了困难，方程的应用、函数的理解、几何图形证明等都有可能成为其学习的绊脚石，需要教师合理的引导，引导其通过自主变式渡过难关。在教学中，教师还应该考虑到优秀学生的超前发展需求，尽可能地为其提供知识和策略创新的机会，培养其研究数学的意识，促进其智力和能力的发展。

（2）教学内容分析。《一次函数》的教学重点是一次函数概念的理解。在近代数学中，函数是最基本的概念之一，在数学发展中起着十分重要的作用。数学的分支学科，如代数、解析几何、微积分等都是围绕函数进行研究的。从《标准》来看，一次函数属于"数与代数"领域中最基本、最简单的内容，也是第四章的教学重点。在此之前，学生已经学习了函数和正比例函数的内容，讨论了正比例函数的定义、图像、性质等。本节所要学习的一次函数的概念、图像、性质和解析式既是对函数概念的深入理解，也是对正比例函数的拓展，还将是后续学习中利用函数的观点理解方程（组）和不等式的基础。因此，本节内容在本章中起着承上启下的作用，也是后续二次函数、反比函数的学习基础。在教学过程中，教师还应该引导学生进一步体会"函数""类比""数形结合"等数学思想。

采用引导学生自主变式的思想来处理本节的教学内容时，应该通过多样化的问题情境变式，引导学生根据所学知识找到两个量之间的关系，并用语言或数字表征出来，逐渐形成函数的概念。

在表达数量关系时，应该引导学生尝试着以正比例函数图像为基础，用不规则的图像来表述一次函数，以语言表征和图像表征的方式完成对函数意义的粗略理解。而后，借助逻辑分析形成抽象符号表征 $y = kx + b$（$k \neq 0$），并理解其过程性概念变式，理解 k 和 b 在图像上对应哪些量，反映了什么内容，不同的表征变式分别对应何种结构。在学生操作讨论之后，形成动态的一次函数图像。

在讨论一次函数的性质时，主要以作图和图像表征为手段，引导学生分析一次函数图像的所有性质，对不同的符号表征变式进行分类讨论，找出一次函数图像的特征。在此过程中，教师应引导学生通过自主探究或合作探究，完成一次函数的多元表征和变式训练，使学生在加工联想、调整转换的过程中发现一次函数的新内涵，对一次函数的概念形成全面的理解。

在概念形成过程中，学生获得的一次函数的多元表征经验只是知觉性的理解，想要做到应用性的理解，还应该利用概念来完成问题的判断和解决。概念判断只需要在外形上进行对比分析，但一次函数表达式的求解则需要将问题的图像表征和语言表征结合起来，而后对照符号表征，根据一次函数的意义，利用待定系数法或方程法找到解决问题的结构模式表征和对应的解题策略。相同类型的变式训练将使学生的多元表征能力和解题能力得到强化。

对一次函数应用问题的要求主要有两个方面：一是将语言表征转化为符号表征，找到一次函数的模型；二是利用一次函数模型，对实际问题做出新的解释。如果学生在解决实际问题时，以自主变式为基础找到各种表征，将会在自主思考的基础上形成结构性模式。如果让学生自主解决实际问题，让其在不同的环节，经历多元表征和自主变式，经过无序训练后将逐渐掌握有序的解题策略，在"建立模型—解释模型—拓展新知"的过程中学生就能感受到快乐。如此处理，轻松地解决了学生学习中遇到的难点：根据实际的题目找到一次函数关系式，熟练做出一次函数的图像，掌握一次函数的图像及性质，会求一次函数的数学表达式。

2. 关于教学操作

"教是为了不教"的教学思想说明，教学是在学习的基础上成就学习的。只有学生的积极性得到了充分的调动，他们才会乐于参加探究活动，才能更加高效地完成知识获取、能力提高和身心发展的教学目标。引导学生自主变式的目的就是让自主变式激发学生的好奇心和求知欲，使学生在自主探究的基础上形成各种表征，促进学生思维能力和创新意识的发展。教师和学生都是教学活动的主体，借助数学学习的载体，两个主体可以建立有效的联结。以自主变式和多元表征的观点来看，在概念教学中教师引得科学，学生才能学得合理。

在初中数学教学中引入概念时，应该注意激发学生的学习动机，为其指明学习目标，特别是要让其在具体的问题情境中理解数学思想方法和结构模式特征。因为只有明确了学习目标，学生才会集中精力，才能尽可能地减少认知负荷。因此，教师应该尽量做到数学问题的情境化，以激发学生的学习兴趣，引导学生主动地利用已经学过的知识和方法来表征问题，表述问题变式的内涵，形成不断"变样反思"的特征，为理解概念打下基础。这一阶段的主要任务是实现自主变式问题的准确定位，围绕核心概念自主变式；利用多元表征加深对概念意义的理解。

对于初中数学来说，概念教学就是要引导学生理解数学概念的内涵和外延，弄清相似概念之间的区别和联系，建立陈述性知识的网络表征，明确符号表征的意义。因而，教师引导学生对图像表征进行变式，可以丰富学生知觉性的理解，使其在不断反思问题的语言表征和图像表征的过程中形成符号表征。如果要使学生强化对符号表征的理解，教师还应该引导学生进行符号表征变式，使其主动地发现各个概念之间的区别和联系，在一次又一次的复核和判断中做到变样反思，达到应用数学概念分析实际问题的目的。在此过程中，应该注意引导学生进行适量的自主变式，不能给学生造成过多的认知加工负荷，但也应该在学生能够接受的范围之内引导其进行尽量丰富的变式，以使学生全面地了解数学概念的实质。

想要巩固学生对数学概念的理解，可以让学生应用所学数学概念完成类别和属性的判断，使之结合对实际问题的分析建立起清晰的认识，并把新学的概念纳入自己的数学知识体系中，明确其地位和作用。因此，在引导学生自主变式时，应该注意引导学生在具体的数学情境中理解数学概念，使不同的符号表征建立起等价关系，逐步发现隐藏于数学概念中的本质属性，掌握不同概念之间的联络图式。在这一阶段，要注意变式的层次性，根据学生数学思维发展的需要，设计由简到繁、由易到难的问题，使学生在变式训练过程中体会概念的性质、过程操作的思想方法，提炼出概念的一般性理解或操作模式，学生在自主地利用多元表征讨论问题变式材料时，及时形成概念和技能的表征认识。

在应用初中数学概念时，学生应该利用数学概念完成数学问题的分析和解决，实现概念应用模式的识别，即借助概念符号表征来思考和加工操作对象，将概念具体到问题解决的应用模式中。因此，教师需要选择一些综合性的应用问题，引导学生自主探究和解答问题的变式，结合数学思想方法进行反思，感悟概念体系的图式化。应该允许并鼓励学生利用自己喜爱的表征方式来简缩和转换内外表征。这一阶段的主要任务是根据学生的自主变式设计深度合理的探究情境，让学生追求抽象模式表征而不满足于形式上的操作，逐渐找到适合自己的解题策略。

以下仍以北师大版八年级上册第四章第二节《一次函数》为例来加以说明。

《一次函数》一节的教学主要是为了使学生记忆一次函数的表达式，结合图像来理解一次函数的性质，并用于分析具体的问题。学生的学习效果主要表现为对一次函数不同表征的理解，同时这一理解的过程也是激发学生学习兴趣的过程。教师引导学生进行自主变式将更有利于学生数学思维和创新能力的发展。

（1）变式问题，多元表征形成概念雏形。不管是教师变式，还是学生变式，都应该尽可能地体现"变中找不变"的原则，帮助学生形成数学概念的符号表征。此过程实质上是教师引导学生操作学习材料，由语言表征上升到符号表征，认识和理解函数知识的过程。对于一次函数概念的形成，引导学生对书本上的问题进行自主变式，完成以下操作。

问题1：某登山队大本营所在地的气温为5℃，海拔每升高1km气温下降6℃。登山队员由大本营向上登高 x km 时，他们所在位置的气温是 y ℃，试用解析式表示 y 与 x 的关系。

问题2：有人发现，在20℃～25℃时，蟋蟀每分鸣叫次数 c 与温度 t（单位：℃）有关，即 c 的值约是 t 的7倍与35的差。

对于每个问题，明确其反映量之间的相互关系，利用数学知识给出关系表达式，利用正比例函数知识画出草图，而后进行讨论（语言表征或数字表征、图像表征之间的关系）：为什么表达式不一样，图像却都是一条直线？问题肯定出在表达式上。进一步抽象分析，可发现其表达式的共同特征都是 $y = kx + b$（$k \neq 0$，且 k、b 都是常数），这就是其图像表征一致的依据。到这里，学生将会从哲学的高度建立起粗糙的函数图式，大致掌握一次函数的数学意义。而学生利用不同的方式来表征函数的过程也会自然地完成一些创新，这将为其进一步深入理解数学概念打下基础。

（2）过程性概念变式，符号表征加深概念理解。想要使学生掌握概念的本质属性，不能进行无目的的探究，学生有限的时间和精力也不容许做无目的的探究。教师引导学生在保持本质属性不变的前提下对概念的外延或反例进行探究，引导学生在自主变式中学会用符号表征来表达概念的属性。一次函数的性质主要有两点：一是图像为一条直线，二是 y 和 x 之间的增减关系与 k 的正负相关。在理解第一个性质时，可以给出 $y = 2x$，$y = 2x - 1$，$y = 2x + 6$ 三个函数让学生自主操作，学生会发现三个函数的图像是一样的，都是一条直线（先前的发现得到了验证），只是在竖直方向上做了平行移动，各一次函数的作图操作，形成了对一次函数第一个性质的抽象认识：$y = kx + b$ 的图像是一条直线。在此过程中，教师要引导学生对不同类型的一次函数进行讨论，借助表达式来理解一次函数图像的性质。不管图像的位置如何变化，都是一条直线；不管表达式的形式如何变化，本质上都是符号表征 $y = kx + b$（$k \neq 0$，且 k、b 都是常数），图像表征的变式与符号表征的变式实质上是等价的。对于第二个性质的理解，可以引导学生举出 $k < 0$ 的情形（如 $y = -x$，$y = -6x$，$y = -2x + 5$ 等）和 $k > 0$ 的情形（如 $y = x$，$y = 6x$，$y = 2x + 5$ 等）。通过作图，对比函数的图像，就可以类似地得出第二个性质。不同的变式，从无序到有序的讨论应该根据学生的不同而采用不同的策略，要利用自主变式让学生完成多元表征之间的互相转换，使其对一次函数的性质形成更深刻的理解。在此过程中，学生学习的基础是多元表征，教师有目的的引导是获得理想教学效果的重要保障。

（3）过程性问题变式，表征转换推动概念巩固应用。设置具有层次性的问题链，以概念的含义和性质为核心进行自主变式，能让学生以多元表征为基础理解题意，选择恰当的解题策略，感悟数学思想方法的作用，积累解决问题的经验，实现概念应用能力的提高。对于一次函数的性质应用，教师可以引导学生完成以下变式问题，使学生结合具体的数学问题，深入理解一次函数的不同表征形式，掌握利用函数分析数学问题的基本方法，掌握数形结合的思想和待定系数法。

问题 1：已知一次函数的图像过点（3，5）与（-4，-9），求这个一次函数的解析式。

问题 2：已知一次函数 $y = kx + 2$，当 $x = 5$ 时 y 的值为 4，求 k 的值。

问题 3：已知直线 $y = kx + b$ 经过点（9，0）和点（24，20），求 k，b 的值。

问题 4：已知直线 $y = kx + b$ 经过第一、二、三象限，过点（2，3），且 $k = 9$，求直线 $y = kx + b$ 的表达式。

这四个问题虽然形式越来越复杂，但本质上仍是一次函数的应用，这就使数学思想方法更加具体化了。当学生拥有了概念知识和思想表征后，结合实际问题情境进行应用，就可以培养学生的实际应用能力。在教学中，可以呈现如问题 5 所示的实际案例。

问题 5："黄金 1 号"玉米种子的价格为每千克 5 元，如果购买量超过 2 千克，则超过部分的种子打 8 折。请写出购买种子的数量与应付款金额之间的函数解析式，并画出函数图像。

（4）问题变式，模式表征生发概念新知。自主变式的目的是使学生更好地掌握知识，获得更好的思维发展。在特定的知识背景下，学生进行问题变式，可以形成完善的概念体系，将数学思想方法与具体的案例结合起来。学生自主变式同时也是建立程序式概念的标志。在一次函数的学习过程中，学生围绕符号表征，积极地讨论开放式的数学问题，还可以通过条件或结论的变化而形成新的问题。在讨论不同的问题变式时，会接触到不同形式的一次函数表征模式，提炼出新的解题方法，并将其纳入已有的知识体系中。如体会到一次函数中所涉及的数形结合的思想，将一次函数的图像与一元一次不等式建立联系等。数学知识结构的本质就是彼此联系的抽象机构，而多元表征的应用就是为了实现数学知识和解题策略的创新。

二、在初中数学教学中引导学生自主变式的教学策略

1. 关于教学设计

数学技能是以数学概念的理解为基础的规则操作。完成所有的任务都有程序固定的活动方式，完成任务的过程也是形成操作程序的过程。数学技能的学习本质上就是陈述性知识转化为程序性知识的过程，只有经过示范模仿和语言操作才能达到自动化的阶段，形成内隐性的数学技能。如果没有足够的训练，学生将不会形成数学技能，将难以体会操作背后隐藏的数学思想，难以实现有效的迁移。数学操作技能的本质是依据推理规则，操作形式符号的能力；数学技能则是借助逻辑思维形成运算或推演的能力。因此，数学技能的本质是程序性的心智操作技术，而非机械操作技术。学习数学技能的基础是具有一定的知识基础和活动经验，而形成熟练技能的基础则是对数学概念的深刻理解。初中数学技能已经成为高层次的思维训练，数学技能的教学研究显得尤其重要。在初中数学教学中引导学生自主变式，借助自主变式实现多元表征，进而以数学思想为指导进行数学技能教学训练。在此，笔者将依据这样的教学思想来讨论教学设计问题。

在学习数学技能时，首先应该明确这一技能所要解决的是何种问题，技能的具体内容是什么，需要遵守什么规则，解答问题的程序是什么等问题；其次，

应该放到单元学习中思考所学技能的地位和作用，知道该技能需要以哪些概念作为铺垫，包含了何种数学思想；最后，考虑如何根据初中学生的学习基础和思维特点来激发其内外学习动机。对于以因式分解为代表的部分数学技能的学习，是不能做到一蹴而就的，还需要考虑如何分段进行技能训练，如何将复杂的技能融入问题解决过程中。这些问题的思考，将使学生自主变式变得更有实效性和针对性。

作为一种形式符号的操作，数学操作的对象是数学符号、数学概念和数学程序，常常会有多元化的表征形式，如数学表达式、图像、示意图等。数学技能操作的学习本质上就是一种多元表征的操作学习。自主变式与多元表征之间是紧密相连的，将两者结合起来进行数学技能教学设计，将会实现技能学习与概念学习、问题解决的融合。

在教学设计中，应该对教学内容进行整体分析，找出概念基础和技能操作，确定两者之间的关系，分析出在技能学习时需要做哪些变式材料或问题，如何进行过程性问题变式的铺垫，如何设计变式训练，如何引导学生对概念性变式进行多角度的理解，如何通过多元表征来实现再变式，如何引导学生"变样反思"，设置多少变式较为合适等问题。通常来说，教学难点也是教学重点，对数学技能的掌握具有关键性的影响，教师应该以策略性知识为出发点设计教学。学习是一种合作、探究和交流的过程，适当地引导学生自主变式，将会使学生不断地加深对数学思想和数学方法的理解，并最终达到阶段性的技能要求。下面以北师大版九年级上册第二章第四节《用因式分解法解一元二次方程》为例来加以说明。

（1）数学技能背景分析。从教材安排来看，在学习用因式分解法解一元二次方程之前，学生已经学过了解一元二次方程的配方法和公式法。求解一元二次方程时，因式分解法是一种较为简单的方法，与配方法和公式法好像联系并不大，适用于系数较为特殊的一元二次方程。但是配方法和公式法的学习为因式分解法提供了"降次"的思想启示和解的验证方法。学习因式分解法的基础是因式分解的知识和技能，如平方差公式、完全平方公式、提取公因式的方法、分组分解法等。此外，还应该理解 $a \cdot b = 0$ 的实数意义。因式分解法与配方法和公式法共同构成了一元二次方程的基本解法体系。利用因式分解法求解一元二次方程有助于提高学生处理问题的灵活性，提高其求解一元二次方程的速度。

初中生好奇心强，喜欢参与竞争，乐于表现自己，其思维处于由具体经验思维向抽象逻辑思维过渡的时期，愿意钻研问题，自我意识逐渐增强。经过小学和初中的学习，其学习成绩趋于分层，存在大量的学困生，给初中数学教学带来了一定的困难。数学技能学习需要教师的引导，更需要学生的自主参与，需要实现学生外在学习动机与内在学习动机的融合。在初中数学教学中引导学生自主变式教学思想，与学生的知识基础相符合，由学生自主参与形成一系列变式问题，借助多元表征，达到了"理解中熟练、熟练中发展"的教学目标。想要使优秀学生获得超前发展，可通过多元表征和自主变式培养其数学意识，促进其思维能力的发展。

（2）技能的教学分析。用因式分解法解一元二次方程的教学重点是理解因式分解法的原理及具体解题方法。如果一元二次方程可以通过因式分解法求解，首先应将其转化为一元二次方程的一般形式 $ax^2 + bx + c = 0$，而后对二次三项式 $ax^2 + bx + c = 0$ 做因式分解，最后得到两个一次因式乘积的形式。由此得出的结果可以通过其他解法来检验。因式分解法包含了降次和化归的数学思想，如在教学中加以重视将会促进学生数学思维能力的发展。

采用引导学生自主变式的思想来处理这些教学内容，教师应先引导学生创设变式问题，使其理解"$a \cdot b = 0$ 的充要条件是 $a = 0$ 或 $b = 0$"，其中 a 和 b 既可以是单个的字母或数字，也可以是代数式；既可以是一次式，也可以是二次式。如果 a，b 都是一次式，则从 $a \cdot b = 0$ 可以得到 $a = 0$ 或 $b = 0$。对于 $a \cdot b = 0$ 的变式问题进行归纳可以形成抽象认识和定向操作，使学生头脑中已经存在的二次三项式的因式分解方法活跃起来，迁移到一元二次方程的求解中来。此时，教师以学生的学习基础和教学要求为依据，引导其对平方差法、提取公因式法、十字相乘法等不同类型和不同层次的变式问题进行纵横分解性操作，并让其进行分组讨论，找到用因式分解法解一元二次方程的规则和步骤。学生完成这一系列的操作训练后，再自己总结操作过程，并思考操作的原因。不同的学生按照同样的方法学习同样的内容会形成不同的感受，也存在不同的操作困难，尽量让学生自己总结，将会帮助其形成概括性的语言表征和心智操作。教师在引导学生利用数学符号的形式来表征该解题过程时，如 $ax^2 + bx + c = 0$ 可变为 $(mx + n)(kx + l) = 0$，找到其操作的思想和方法，再经过一定量的变式训练，就会形成操作技能。当学生的技能达到熟练之后，教师可设置一元二次方程，让学生分别通过配方法、公式法和因式分解法求解，使学生体会到因式分解法的局限性和优越性，并将结论表示成自己喜欢的语言、图表或符号。

如果在学生学习数学技能时，以自主变式为出发点，引出各种表征，启发学生思考，形成结构性模式，让学生阐述不同表征的意义，自主地进行操作，借助多元表征及其变式就可以达到拓展思路的目的。而后经过由无序训练到有序解题规则的转变，得到知识技能结论，师生共同完成深入的分析和讨论，将因式分解法纳入自己的数学技能体系中，与概念理解和问题解决融合在一起，实现了"概念理解、技能训练和问题解决的平衡"。①

2. 关于教学操作

一方面，数学技能是以心智操作为主的活动方式。因此，具体数学技能的学习必须在宽松的环境中进行，围绕具体的问题展开讨论，以此启发学生对相关的概念特征和数学思想方法的思考，使其知道获得数学技能的依据和步骤，以帮助其实现技能迁移学习。另一方面，数学技能是一种形式化的符号操作。学生知道操作程序之后，辅以自主变式练习，可达到自动化的水平。对于数学技能教学操作，应该针对特定的教学内容、教学对象和教学环境，引导学生自主变式，启发其思考和应用数学内容，在知识、技能和能力综合发展的基础上获得数学技能的发展。

在初中数学教学中，引入数学技能时应激发学生的学习动机，为其树立明确的学习目标，帮助其找到技能操作的思想方法和操作模式表征。因为只有明确了学习目标，学生才会集中精力，减少自我认知负荷。因此，教师应该尽可能实现数学技能操作的任务化和问题化，引导学生利用所学的知识来完成问题表征，利用语言来叙述操作的内涵，形成操作雏形不断变换的问题表征。此阶段主要是通过自主变式实现操作定位，为技能操作规则的学习而练习多元表征，领会数学技能的意义。

在理解数学技能时，应让学生理解数学技能的实质和操作程序，明确数学技能的不同操作步骤以及不同技能之间的区别和联系，形成程序性的操作表征，掌握不同的符号操作表征的意义。因此，教师在引导学生进行自主变式时，要注意让学生反思操作表征，形成丰富的知觉性理解，从中提炼出符号表征。教

---

① 鲍建生，周超. 数学学习的心理基础与过程 [M]. 上海：上海教育出版社，2009：2.

师引导学生实现符号表征的自主变式，使学生既能体会数学技能的实质，也能掌握数学技能的构成元素及操作规则；而对数学技能的分解操作、复述判断和变样反思，会使学生对数学技能的学习达到应用性理解的水平。该阶段的主要任务是引导学生自主实现适量的变式，不增加其认知加工负荷，使其通过各种类型技能操作的表征，全面理解数学技能的实质。

在初中数学技能巩固时，引导学生独立完成技能操作，体会数学技能的应用规则和应用步骤。因此，教师在引导学生进行变式训练时应引导学生体会数学技能的实质和不同技能操作表征之间的等价性，从中发现固定不变的数学思想方法，形成完整的技能联络图式。在这一阶段，应该保证学生自主完成富有梯度和挑战性的变式，逐渐促进学生思维的发展，将数学技能操作提炼成一般性的技能操作模式。

在技能应用阶段，应该让学生利用所学数学技能解决相关的数学问题，结合实际问题的解决进一步体会数学技能的操作过程，完成数学技能结构模式的识别，即将技能表征当作操作对象来思考和加工，将技能融入精致浓缩的问题解决模式中。因此，教师应该选择一些较为复杂的应用性数学问题，引导学生自主变式，引导学生探究各种变式的解答过程，引导学生自主利用自己喜欢的表征方式来表述问题的解决过程，以实现心智表征与动作表征之间的转换。在这一阶段需要注意的是，引导学生自主变式时要注意深度，并采用阶段性训练和聚合性训练相结合的形式引导学生找到恰当的表征模式，发现适合自己的技能操作策略。

下面以北师大版九年级上册第二章第四节《用因式分解法解一元二次方程》为例来加以说明。

用因式分解法解一元二次方程的学习目的是理解用因式分解法求解一元二次方程的方法，知道用因式分解法解一元二次方程的理论依据，熟练掌握用因式分解法求解一元二次方程的操作程序，搞清楚因式分解法与配方法、公式法的一致性和不一致性。学生的学习程度体现为对因式分解法的理解程度，学习兴趣体现在一元二次方程求解方法的多元表征和不同表征之间的转换方面。教师应该引导学生通过自主变式实现利用因式分解法求解一元二次方程的多元表征，最终使学生能够灵活地利用自己已经学过的方法来求解一元二次方程。

（1）通过自主变式和多元表征引导学生形成技能雏形。教师在引导学生自主变式时应该尽量体现"变中有不变"的原则，引导学生找到因式分解法的解题依据，这将是整个教学操作的关键。在这一过程中，教师应引导学生操作学习材料或围绕操作表征完成问题变式，为学生从不同的变式中提炼出操作表征奠定基础。可用如下的方法来引导学生自主变式。

问题 1：请结合以下条件思考由 $a \cdot b = 0$ 可以推导出的结论。

（1）a，b 都是数字。

（2）a，b 是字母或数字。

（3）a，b 都是字母。

（4）a，b 是一次因式。

（5）a，b 是一次因式或二次因式。

问题 2：如果 a，b 为一次因式，如 $a = x - 2$，$b = x - 3$，则

（1）由 $a \cdot b = 0$ 可得出什么结论？

（2）由 $x^2 - 5x + 6 = (x - 2)(x - 3) = 0$ 可得出什么结论？

（3）猜想一下，$x^2 + 5x + 6 = 0$ 的解。

问题 1 是"$a \cdot b = 0$ 的充要条件是 $a = 0$ 或 $b = 0$"的变式，有助于丰富学生的数字和符号表征，学生通过讨论会掌握 $a \cdot b = 0$ 的实质。问题 2 是当 $a \cdot b = 0$ 且 a，b 为一次因式的特例，经过变式讨论，学生会形成操作定向：利用因式分解法求解一元二次方程，并验证操作的可行性。到这里，学生对用因式分解法求解一元二次方程的心理意义和数学意义都已经形成了粗糙的操作图式，即如果一元二次方程的一边为零，另一边可分解为两个一次因式的乘积的形式，就可以用因式分解法求解。尽管学生在学习过程中对这样的认识可能不是太清晰，但这是其认识逐渐深入的基础。

（2）利用过程性概念变式加深学生对数学技能的理解。为了使学生掌握数学技能的本质属性，学生进行的探究活动应该是有目的的，否则将可能造成学生学习时间和学习精力的浪费。教师和学生围绕技能操作做有代表性的变式，形成过程性概念变式。学生通过这些变式的讨论，可明白操作技能的元素、规则、程序和目标，完成技能操作的分解和模仿，引导学生在自主变式中形成操作表征，掌握数学技能的实质。

例如，用因式分解法求解以下一元二次方程，并总结出求解步骤。

（1）$x^2 - 3x + 2 = 0$

（2）$x(x-2)+2(x-2)=0$

（3）$x(x-2)+x-2=0$

（4）$5x^2+2x-\dfrac{1}{4}=2x+\dfrac{3}{4}$

（5）$x^2-4x+4=0$

对不同类型的方程进行因式分解法的变式训练，既能使学生学会利用前面学过的因式分解法求解方程的方法，又能使学生明确用因式分解法求解一元二次方程的方法和步骤。这些内容的掌握应该在学生的交流和讨论过程中形成不同形式的语言表征。

各种变式的讨论应该根据学生的实际情况确定，但是利用变式让学生体会一元二次方程的因式分解法有助于学生深刻地理解因式分解法的实质。这些过程都是以多元表征的学习为基础，并在教师的引导下完成的。

（3）在过程性问题变式中形成技能模式。设计层次鲜明的问题链，以技能操作为核心，引导学生自主变式，使学生在多元表征的基础上巩固所学数学技能，体会降次和化归的思想方法，积累技能操作经验，整合一元二次因式分解法的类型、方法和步骤。因此，教师可以设计如下的问题链，由简单到复杂地引导学生分析数学问题，巩固因式分解的方法，强化不同操作表征之间的转换，进而形成用因式分解法解一元二次方程的应用策略。

问题 1：$x^2+x=0$。

问题 2：$x^2-2\sqrt{3}x=0$。

问题 3：$3x^2-6x=-3$。

问题 4：$4x^2-121=0$。

问题 5：$3x(2x+1)=4x+2$。

问题 6：$(x-4)^2=(8-2x)^2$。

问题 7：把小圆形场地的半径增加 5 米得到大圆形场地，场地面积增加了一倍，试求小圆形场地的半径。

以上 7 个问题形式上逐渐变得复杂，需要借助的知识越来越多，但是求解方法的本质仍是因式分解法。经过这样的变式训练，学生就会利用数字或符号的形式来表示因式分解法求解一元二次方程的操作思想。而后可以处理一个实际问题：

根据物理学规律，如果把一个物体从地面以 10 米/秒的速度竖起向上抛出，

经过 x 秒后离地面的高度为 $10x - 4.9x^2$，你能计算出物体抛出后多长时间回到地面吗？

经过这样的设计，在初中数学教学中引导学生自主变式的教学操作就打破了教材的顺序，形成了适合该教学模式的新的教学顺序。

（4）通过变式反思生发技能新知。在初中数学教学中引导学生自主变式的目的是促进学生知识的掌握和思维的发展。在已有的知识背景中，自主地进行问题变式，有助于学生深刻理解技能体系的模式结构，可以实现数学思想方法的具体化。学生自主地变式也是其对技能规则、程序理解程度的标志。对于用因式分解法解一元二次方程来说，自主变式使其将新的一元二次方程的求解方法纳入了自己的认知结构中，与配方法、公式法相互联系起来。为了促使学生发出新的知识，还可引导学生自主探究如下的问题。

问题：分别用因式分解法和公式法求解以下方程：

$$x^2 - 6x + 9 = 0, \ (5 - 2x)^2 = 0, \ x^2 - 3x + 1 = 0$$

对配方法、公式法和因式分解法进行讨论，引导学生将讨论结果用例子或符号的形式表示出来，可使其完成因式分解操作模式的反思，并在探究过程中生发出新的解题方法和新的知识，达到熟练自如的水平。

三、在初中数学问题解决中的自主变式教学策略

1. 关于教学设计

一般而言，问题解决的学习都包括问题表征、模式识别、策略形成、解题监控等几个环节。这几个环节都是以多元表征为基础的。问题表征就是利用工作记忆编码，依据组成问题的条件、对象、目标和算子建立起空间表征；模式识别就是在广阔的问题空间中检索出可以达到预期目标的解题方法或解题模式，即从长期记忆中检索相关的解题方法或解法类型，回忆方法表征；策略形成就是在前面对所要解决的问题的不充分的表征基础上，进行问题表征的重构，寻找新的适合解题的方法和模式，形成策略表征；解题监控就是以表征活动为意识对象，调节和控制多元表征和不同表征之间的转换，形成恰当的结构表征。数学问题解决的教学目的就是在学习问题解决的过程中，培养学生的数学应用能力、思维能力和创造能力。初中数学问题可分为过程受限和过程开放两大类，每一类问题的难度不一。如前所述，多元表征的学习有助于数学问题的解决，

而恰当的变式则有利于学生多元表征的发展。引导学生自主变式将有助于初中学生数学问题解决能力的有效发展。

在初中数学问题解决的教学中，引导学生自主变式的教学应该如何设计呢？当学生遇到一个数学问题时，首先，要做的应该是认清问题，看清是代数题、还是几何题，过程是否开放，是否复杂。其次，要考虑学生解决此问题时所需要的知识背景，分析其发现所要解决的问题的组织结构存在多大的困难。再次，分析解决问题需要哪些表征，有哪些是非常规表征和策略，如何引导学生进行变式，如何引导学生突破开放性问题。最后，根据学生的多元表征修正教师的变式，减少教学时间，减轻学生的认知负荷，保持师生互动和谐一致。

在解决问题时，如何利用各个环节中的变式和表征，促进学生数学思维和创新能力的发展呢？在对问题进行表征时，教师引导学生进行自主变式，借助语言表征、图像表征和符号表征与已经学过的知识相联系，借助语言表达或画图联想精确地理解题意，找出问题的条件、目标、算子等。需要特别注意的是，要放手让学生自主完成问题的表征，这是学生形成解决问题策略的关键所在，也是培养学生创新能力的主体环节。在模式识别环节，教师借助有关概念、法则或公式，引导学生调用已经掌握的解题模式，经过对照修补，由表面到结构地形成问题意义的全息表征。在问题解决策略的形成阶段，教师应引导学生由简单到复杂地探究过程性变式问题，使学生逐步发现该类问题的解题模式，调整信息和自己的研究成果，使之有利于问题解决策略表征的形成。在解题监控阶段，应该把表征活动当成意识对象，教师以适当的点拨引导学生通过多元表征找到最简洁的抽象符号表征模式，并做出选择，为成功地解题做出监控。学生需要对自己所获得的解决问题的经验进行反思和拓展，发展创新思维，借助教师设计的类似的问题来构造发散思维，形成数学问题解决的元思维。

下面以《二次函数与一元二次方程关系的问题》的教学设计为例进行说明。

问题：在体育测试中，九年级的高个子男同学投掷铅球，铅球在空中的运动轨迹为抛物线。如果该男同学出手高度为 2 米，铅球所经路线最高点竖起距地面 5 米，水平距该同学 6 米。该同学能把铅球掷出多远？

通常来说，结构良好的问题所给出的条件就是问题基础解空间，通过解空间元素的组合或运算，可以找出符合基础解空间的解。问题解决教学就是引导学生分析问题和解决问题，并同时获得数学知识，形成数学能力。学生熟练掌握问题求解方法的过程，可以通过引导学生用自主变式的观点来进行分析和处理。

（1）分析问题空间。解决数学问题，首先应该想办法让学生理解题意，并把题意表征为问题空间（已经条件、解题目标和允许的操作）。想要培养学生解决问题的能力，不能直接把题意告诉学生，而应该引导学生自主生成相关的变式问题，逐步深入地思考，使学生学会分析表征。对于前面所说的问题，教师可以先用抛掷粉笔头来演示物体在空间中的运动轨迹，让学生回忆其轨迹与哪一函数模型的图像类似，引导学生回忆二次函数的语言表征、图像表征和符号表征。为了将二次函数与题目中的问题情境联系起来，教师可以将问题变式为：如果男同学站在坐标系的原点，面向第一象限投掷，如何理解题目？学生自然会把题目转化为如图 6 - 1 所示的情形。这时再启发学生联系实际问题，考虑铅球投掷的水平距离对应坐标系中的哪个量。这样一来，就使学生尽可能多地利用多元表征和知识表征来将所遇到的实际问题转化成图像，明白题目中所要求的"多远"是与二次函数中 x 轴正方向的交点坐标相对应的。

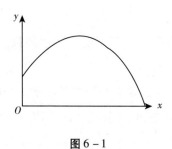

图 6 - 1

（2）引导模式识别。学生在形成了问题空间表征之后，思维还是单一的，表征没有深入结构。教师针对数学问题引导学生进行变式，帮助学生建立该问题的多元表征，从已学内容中检索可用的解题模式，并标出"已知条件"和"所求问题"的数学特征，师生共同获得完整的图像信息，在此基础上进一步挖掘所有可能的信息，逐步启发学生寻找求坐标的方法就是求解一元二次方程 $ax^2 + bx + c = 0$。在此过程中，教师应提示学生在不同的表征之间进行转换，让学生在讨论的基础上自行解决，提高学生探究、合作和交流的能力。

（3）形成解题模式。当学生试过了自己所有的模式仍不能解决问题时，教师可引导学生变换条件或变换问题，使学生形成新的解题模式。教师可以给出三个点的坐标，让学生求函数的表达式，而后引导学生思考：如果知道任意两个点可以求出二次函数的表达式吗？如果可以求出，应该符合什么条件？学生根据待定系数法的要求进行分析，会发现其中一个点肯定较为特殊，其坐标可以用二次函数的系数表达出来，与前一点形成了三元一次方程，构成了三元一次方程组，问题即可求解。这一点只有顶点最为合适。学生马上就会想到二次函数表达式的顶点的表达式，即 $y = a(x-6)^2 + 5$，代入点（0，2）就可以求出 a。如此经过多元表征的分析和比较，就形成了该问题的结构表征形式。

（4）反思解题过程。题目解答完之后，教师需要引导学生回顾解题过程中所用到的知识、方法和思想，如何得出的解题模式，通过哪些表征形成了解题策略。为了深化学生的认识，要求学生对该问题进行变式创新，也是在反思解题过程，升华解题经验。教师引导学生积极地分析问题的多元表征，实现了数学问题的识别和转化，最终求出一元二次方程 $ax^2 + bx + c = 0$ 的解。由此可见，学生原有的基础知识是产生数形结合和待定系数法的基础。如果到这里就终止教学，就会失去培养学生创新能力的最好机会。教师应该引导学生变式原问题，思考"出手高度""顶点""多远"之间的联系，从中感悟解题思想或抽象结构表征模式。如

问题1：如该同学保持出手高度不变，想达到顶点升高或降低的目的，应该如何投掷？结合图像进行说明。

问题2：若投掷地点不变，顶点的位置是固定不变的吗？

这些问题的讨论将会促进学生创新思维的培养。

2. 关于教学操作

数学思维与数学问题是密不可分的，只有通过提出问题与解决问题的过程，才能培养学生的数学思维；同样，数学思维是否灵活，对学生问题的提出和解决具有重要的影响，多元表征是培养学生数学思维的有效途径，变式教学有助于提高学生的多元表征能力。因此，有效的数学思维教学程序应该是：首先，提出问题，引出问题变式，激发学生的学习动机，引导学生讨论和分析问题中所涉及的知识内容的表征形式；其次，引导学生分析多元表征，形成符号表征，形成初步理解；再次，利用符号表征解决问题及问题变式，使符号表征融入知识网络结构中，强化对知识的深层理解；最后，分析问题变式，形成思维品质和数学知识的抽象表征。因此，数学思维的教学过程，应该是以师生提出问题

为基点，引导学生对数学知识内容进行多元表征，在师生共同解决问题的过程中达成预期的教学目标。贯穿整个教学的是材料或问题的变式，呈现出了由"提出问题—多元表征—问题求解—抽象表征"组成的循环往复的过程。具体如图 6 – 2 所示。

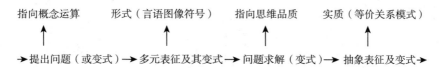

图 6 – 2　初中学生数学思维教学过程单元

要培养学生的数学思维，就要以数学技能的学习为载体，在数学问题的抽象表征中，对同一问题或同一类问题进行多角度的思考。想要使学生具备学习所需要的数学思维素养，有必要让学生进行自主探究，但是并不能把自主探究当成学生学习的全部。人类学习本领的过程中不可能处处亲自参与实践活动，否则将会浪费学生大量的时间和精力。对于数学问题的解决，以问题提出作为起点，引导学生发现疑问展开思考，调动学生所有相关的知识和经验储备，通过多元表征理解问题，利用归纳和类比的方法对数学问题进行全面的、深度的分析，在自主变式过程中找到问题解决的最佳策略。这样的教学，学生将会积极地思考问题的解决方法，主动地与他人交流思考成果，不断强化自己的思维品质，有效提高数学思维能力。

［教学示例 1］

已知函数 $y = (m-2)x^2 - 4mx + 2m - 6$ 的图像与 x 轴有一个公共点，试求实数 m 的值。

1. 问题变式：为了引导学生主动思考，对题目涉及的概念、性质、结构、数量、条件和结论进行变式，形成变式问题或材料。

教师：我们先思考以下几个问题（个人回答或小组讨论）。

（1）你认为 $y = (m-2)x^2 - 4mx + 2m - 6$ 可能是什么函数？

（2）如果函数 $y = (m-2)x^2 - 4mx + 2m - 6$ 是一次函数，在什么情况下与 x 轴有一个公共点？如果是二次函数呢？

（3）用图像说明你的思考。

2. 多元表征：引导学生思考问题变式，理解题意，开展多元表征的讨论。

教师：不管是什么题目，必须要先明确题意，找出已知条件和所求问题，分析题目中涉及的各个数量之间的关系，并尽量用多种方法来分析题目。

（1）引导学生画出草图，并用语言表述题目所述情境。

（2）借助图像和表达式分析题目。如图 6−3~图 6−5 所示。

第一，如果 $y = (m-2)x^2 - 4mx + 2m - 6$ 是一次函数，则 $m-2=0$，$m=2$，$f(x) = -8x - 2$。

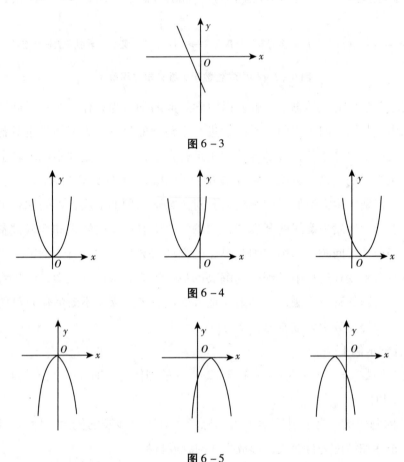

图 6−3

图 6−4

图 6−5

第二，如果 $y = (m-2)x^2 - 4mx + 2m - 6$ 是二次函数，可分为 $m-2<0$ 和 $m-2>0$ 两种情况。

不同变式的共同特征是二次函数的图像与 x 轴有一个交点，且交点为顶点。经过多元表征和变式的讨论可以从中体会分类讨论的思想，找到解题模式。

3. 问题求解。通过师生互动，找到解题思路。为了进一步培养学生多元表征能力的数学思维品质，引导学生进行变式训练。

教师：在用上述方法解答完问题之后，还应该考虑有没有其他的解题方法。可以把原来的题目改编成新的题目。

（1）请分组讨论如何求解上述问题。

（2）思考一题多变的问题。

变式1：已知函数 $y = (m-2)x^2 - 4mx + 2m - 6$ 的图像与 x 的正半轴有一个公共点，试求实数 m 的值。

变式2：已知函数 $y = (m-2)x^2 - 4mx + 2m - 6$ 的图像与 x 的负半轴有一个公共点，试求实数 m 的值。

变式3：已知函数 $y = (m-2)x^2 - 4mx + 2m - 6$ 的图像的开口向下，且与 x 轴有一个公共点，试求实数 m 的值。

4. 抽象表征。通过自主变式并求解，使学生深刻理解题目的结构，多元表征越来越灵活。为了提高学生的抽象表征能力，提高学生的创新思维，可以引导学生进行开放式训练。

教师：请学生对原问题略做变动并求解，思考何时有解，何时无解。

原问题：已知函数 $f(x) = (m-2)x^2 - 4mx + 2m - 6$ 的图像与 x 轴有一个公共点，试求实数 m 的值。

学生带着"变式后的问题是否有解"的问题，自主进行问题变式、分析、求解和检验，发散思维和聚合思维都得到了培养，创新思维得到了发展，数学思维不断提升。

［教学示例2］

"中点四边形"的探究活动。

教师创设情境：如图6-6所示，一块形状不规则的四边形草坪，每一条边的中点都栽有一棵银杏树。因为校园绿地重新规划，要求以不移植银杏树为前提，把草坪的面积缩小一半。请给出你的设计方案。

师生共同探索，按图6-7顺次连接四边形 ABCD 四边的中点组成新的四边形 EFGH。提出疑问：四边形 EFGH 的面积等于四边形 ABCD 的一半吗？学生在教师引导下自主探索，交流讨论，展示解法。教师适时给予点拨，引导学生积极地进行思考，强化对所学数学知识的理解和认识。

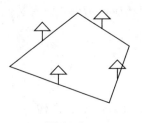

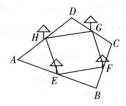

图 6-6   图 6-7

教师引导学生生成变式 1：对于一般四边形来说，中点四边形的形状有无特殊性。

形成新的问题 1：一般四边形 *ABCD* 的中点四边形 *EFGH* 是不是自己已经学过的特殊四边形？

教师引导学生独立地思考和分析，展示学习成果，得出结论：一般四边形的中点四边形为平行四边形。

教师引导学生生成变式 2：如果 *ABCD* 就是特殊的四边形，再探究中点四边形的形状。

形成新的问题 2：如果 *ABCD* 是平行四边形，则 *EFGH* 是什么形状？

形成新的问题 3：如果 *ABCD* 是矩形，则 *EFGH* 是什么形状？

形成新的问题 4：如果 *ABCD* 是菱形，则 *EFGH* 是什么形状？

形成新的问题 5：如果 *ABCD* 是正方形，则 *EFGH* 是什么形状？

形成新的问题 6：决定中点四边形 *EFGH* 形状的因素是什么？

师生共同进行探究之后，发现中点四边形 *EFGH* 的形状只与原四边形的对角线相关，与原四边形的形状没有任何关系。

总结归纳：中点四边形的边由原四边形对角线的长度决定，中点四边形的角由位置关系决定。

在自主变式的教学过程中，学生积极参与观察、猜想、交流、推理、变式等活动，积极动手实践，主动与他人讨论和合作，既解决了由实际的草坪问题到数学问题的转变，又完成了中点四边形形状的探究，充分掌握了四边形的核心知识，并使该部分知识与中位线、平行四边形的判定等相关知识密切联系了起来，为自主变式创造了良好的氛围，同时培养了创新精神。

数学学习就如同是科学探究，逐渐地拨开事物的表象，使其本质呈现出来。因此，在教学过程中应该注重引导学生质疑和探究，培养学生探求问题本质的意识。

初中习题教学多满足于让学生回答问题，教师所做的解题总结也以解题思路的分析、需要注意的细节和所用的主要知识点及数学方法的归纳为主。即使教师做了变式训练，也只是重视问题的变形，并不注意引导学生对问题的数学本质进行深入的探究和思考。在引导学生自主变式的过程中，适当和适度地引导学生质疑，让他们经历提出问题、分析问题和解决问题的过程，将有助于学生从更高的层次上认识数学问题，理解数学方法，形成良好的思维品质和学习习惯。以下再举一例加以说明。

例如，如图 6–8 所示，Rt$\triangle ABC$ 中，$\angle ACB = 90°$，且 $AC = BC$，A，C 均为 x 轴上的两个点，点 B 的坐标是 $(3, m)$（$m > 0$），线段 AB 和 y 轴的交点为 D，顶点为 P（1，0）的抛物线过点 B 和点 D。

（1）求点 A 的坐标。

（2）求题中所示抛物线的解析式。

（3）如果点 Q 是抛物线上的点，且 Q 在点 P 和点 B 之间移动，连接 PQ 并延长后和 BC 相交于点 E，连接 BQ 并延长与 AC 相交于点 F，请证明 FC（$BC + EC$）为定值。

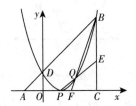

图 6–8

解析：（1）根据 B $(3, m)$ 有 $OC = 3$，$BC = m$。

因为 Rt$\triangle ABC$ 中，$AC = BC$，所以 $AC = BC = m$，$OA = m - 3$，

所以点 A 的坐标为 $(3 - m, 0)$。

（2）因为 Rt$\triangle ABC$ 中，$AC = BC$，所以 $\angle OAD = 45°$，由题意知 $DO \perp AO$，所以有 $OA = OD = m - 3$，D 的坐标为 $(0, m - 3)$。

因为抛物线顶点为 P（1，0）且过点 B 和点 D，所以可设其解析式为 $y = a$ $(x - 1)^2$，有

$$\begin{cases} a\ (3 - 1)^2 = m \\ a\ (0 - 1)^2 = m - 3 \end{cases}$$

解得 $a = 1$，$m = 4$。抛物线的解析式为 $y = (x - 1)^2 = x^2 - 2x + 1$。

（3）如图 6-9 所示，过 Q 点作 AC 的垂线，垂足为 M；过 Q 点作 BC 的垂线，垂足为 N，设点 Q 为 $(x, x^2 - 2x + 1)$，则有 $QM = CN = (x-1)^2$，$MC = QN = 3 - x$，因为 $QM // CE$，则有 $\triangle PQM \backsim \triangle PEC$，$\dfrac{QM}{EC} = \dfrac{PM}{PC}$，即 $\dfrac{(x-1)^2}{EC} = \dfrac{x-1}{2}$，$EC = 2(x-1)$。

因为 $QN // FC$，所以有 $\triangle BQN \backsim \triangle BFC$，$\dfrac{QN}{FC} = \dfrac{BN}{BC}$，即 $\dfrac{3-x}{FC} = \dfrac{4-(x-1)^2}{4}$，$FC = \dfrac{4}{x+1}$。

因为 $BC = 4$，所以 $FC(BC + EC) = \dfrac{4}{x+1}[4 + 2(x-1)] = \dfrac{4}{x+1}(2x+2) = \dfrac{4}{x+1} \cdot 2(x+1) = 8$，即 $FC(BC + EC)$ 为定值 8。

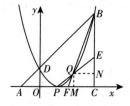

图 6-9

变式 1：上题说明 $FC(BC + EC)$ 为定值，这一结论的成立依赖于抛物线 $y = x^2 - 2x + 1$，还是对其他抛物线也适用？其中定值 8 的决定因素有哪些？

考虑到抛物线 $y = x^2 - 2x + 1$ 是由 $y = x^2$ 平移得到的，抛物线本身对 FC，BC，EC 等线段的长度并不会有影响，自然也不能影响到 $FC(BC + EC)$ 的值，因此，题目的本质就是在讨论以下问题：

如图 6-10 所示，抛物线 $y = ax^2$ 的顶点是 P，B 为该抛物线上的定点，坐标

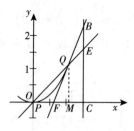

图 6-10

为 (m, am^2)。BC 与 x 轴垂直，垂足为 C；点 Q 位于抛物线上，且在 P 和 B 之间移动，连接 PQ 并延长后和 BC 相交于点 E，连接 BQ 并延长与 AC 相交于点 F，请证明 FC $(BC + EC)$ 为定值。

证明：由 B 的坐标为 (m, am^2)，有 $PC = m$，$BC = am^2$。

过点 Q 作 AC 的垂线，垂足为 M，设 Q 点为 (k, ak^2)，有 $QM = ak^2$，$PM = k$，$MC = m - k$。

因为 $QM /\!/ CE$，有 $\triangle PQM \backsim \triangle PEC$，$\dfrac{QM}{EC} = \dfrac{PM}{PC}$，即 $\dfrac{ak^2}{EC} = \dfrac{k}{m}$，$EC = amk$。

因为 $QM /\!/ BC$，有 $\triangle QFM \backsim \triangle BFC$，$\dfrac{QM}{BC} = \dfrac{FM}{FC}$；

又 $FM = FC - MC = FC - (PC - PM) = FC - (m - k)$，

即 $\dfrac{ak^2}{am^2} = \dfrac{FC - (m-k)}{FC}$，解得 $FC = \dfrac{m^2}{k+m}$，故 FC $(BC + EC) = \dfrac{m^2}{k+m}$ $(am^2 + amk) = am^3$。

由此来看，该题目的结论可以推广到更广泛的范围。如果设抛物线的解析式是 $y = a(x - h)^2 + k$，过定点 B (m, n)，从顶点 P 作抛物线的对称轴的垂线，过 B 作对称轴的平行线与其相交于 C 点，点 Q 位于抛物线上，且在 P 和 B 之间，连接 BQ 并延长与 PC 相交于点 F，则有 FC 的长度与抛物线二次项系数 a 和 B 的横坐标 m 决定，大小为 am^3。

变式2：对于第三问，题目明确 Q 在抛物线上 P 和 B 之间移动，这对结论有影响吗？如果将 Q 推广为抛物线上任意一点，该结论是否仍成立？如不成立将会有何变化？

引导学生利用几何画板进行研究，会发现 Q 在抛物线上移动时题目中的基本图形仍然存在，方法与前面的并没有太大的不同，具体结论如下。

（1）如果 Q 在 B 点右边，结论 FC $(BC + EC)$ 的长度为定值仍然成立，且定值仍为 am^3。

（2）如果 Q 在 P 点左边，原结论不再成立。可找出与 B 点关于对称轴对称的点 H，结论如下：

① Q 位于 P 和 H 之间时，FC $(BC - EC)$ 的长度为 $-am^3$。

② Q 位于 H 左边时，FC $(BC - EC)$ 的长度为 am^3。

第三节 在初中数学教学中引导学生自主变式教学策略的分类应用讨论

在初中数学中，最常用的变式是形式变式、内容变式和方法变式。如果学生能掌握这些变式方法，并灵活应用到学习中，将有助于其数学学习。

一、数学形式变式

数学形式变式指的是在意义不变的前提下，数学表达形式的改变。具体又分为数学语言变式和数学图形变式两种。

1. 数学语言变式

初中数学中的语言包括文字语言、图形语言和符号语言三种形式。不同形式的数学语言具有不同的优势。文字语言严谨、规范、抽象，图形语言清晰直观，符号语言简明扼要、便于书写、逻辑性强。灵活地掌握这三种不同的数学语言变式，有助于学生更好地理解题意，更好地解决问题。

例如，正比例函数 $y = 2x$ 有以下四种表示方式。

（1）文字语言表示：y 和 x 成正比关系，正比例系数为 2。

（2）符号语言：$y = 2x$。

（3）图形语言：如图 6－11 所示。

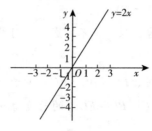

图 6－11

（4）列表法：见表 6 - 1。

表 6 - 1　列表法

x	⋯	−2	−1	0	1	2	3	⋯
y	⋯	−4	−2	0	2	4	6	⋯

2. 数学图形变式

数学图形变式就是在探究问题时，通过基本图形的不断变换，找到新的图形，并从中寻找规律、总结思想方法。深入的观察，将会使学生的思维更加灵活敏捷，更容易找到变化的规律和本质。在中考试题中，经常考查此类问题。因此，在教学过程中，教师应该重视引导学生进行图形变式，引导学生从不同的角度来分析图形图像，鼓励学生尝试从不同的角度来解释图形和图像。

例如，△ABC 与 △CMN 都是等边三角形，如图 6 - 12 所示，请问：

（1）AM = BN 成立吗？

（2）如果把△CMN 绕点 C 按照顺时针方向旋转 60°，你能得到什么图形？AM = BN 是否仍然成立？说明原因。

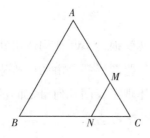

图 6 - 12

解：（1）∵ △ABC 与 △CMN 都是等边三角形

∴ AC = BC，NC = MC

∴ AC − MC = BC − NC

∴ AM = BN。

（2）把△CMN 绕点 C 按照顺时针方向旋转 60°，可得到如图 6 - 13 所示的结果，AM = BN 仍成立。

理由是：除（4）外，旋转后，都有△BCN ≌ △ACM，所以 AM = BN 仍成立。

在（4）中，因为点 A，C，M 共线，B，C，N 共线，且有 $AC = BC$，$CM = CN$，所以 $AC + CM = BC + CN$，即 $AM = BN$。

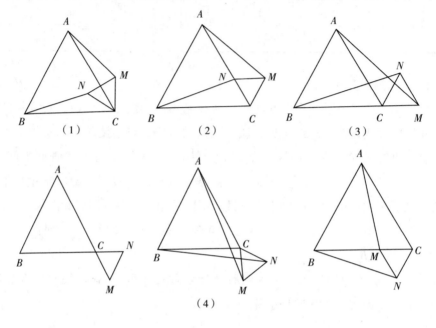

图 6 – 13

这一题主要借助图形旋转变换，不断地构造出新的图形，但是解题思想和方法并没有本质上的不同。这些图形都是由两个等边三角形组成的，在旋转过程中会产生很多相等关系，体现了不同几何量之间的关系。做这类变式，可以使学生体会到会一题通一类的学习感受。

二、数学内容变式

在初中数学中，内容变式的对象主要是数学概念、数学公式、数学定理等。

1. 数学概念变式

概念是初中数学学习的核心，且通常比较抽象，具有较强的逻辑性。因此，在教学设计中，应该引导学生进行一系列的概念变式，辨析概念的内涵和外延，以深刻理解概念的本质。在变式中实现数学概念的同化，将使学生更容易把新知识与已有知识联系起来。

（1）引入概念变式。在接触一个新概念时，可以设计一系列的变式问题，引导学生总结归纳出概念的本质。变式问题的设计，能够突显出数学概念的本质属性，强化本质属性与非本质属性之间的对比。

教师设计的问题可以取材于生活实例，经抽象处理形成数学问题后，找出其共同特征。这一过程既实现了抽象概念的具体化，又让学生将数学与身边的人、事、物联系起来，形成更浓厚的学习兴趣。例如，在讲方程和函数时，可以与外出旅行、商品营销、工业生产等联系起来；在讲等腰三角形、等边三角形、平行四边形等概念时，可以与手工制作、交通警示牌、自动伸缩门等生活实例联系起来。

借助生活生产中的实例，引导学生自主变式，可形成回顾已学知识的问题链，并引出新的数学概念。例如，在引入幂的乘方的概念时，可引导学生自主思考以下问题：

① x^3 的数学意义是什么？

② 如果 $x = m^4$，则 $(m^4)^3$ 的数学意义是什么？

③ 你能否用更简单的方式来表示 $m^2 \cdot m^2 \cdot m^2 \cdot m^2 \cdot m^2 = m^{2+2+2+2+2}$？

④ 填空：

$(2^4)^2 = 2^4 \times 2^4 =$ _____。

$(3^3)^3 =$ _____ $\times$ _____ $\times$ _____ $=$ _____。

$(a^4)^5 =$ _____ $\times$ _____ $\times$ _____ $\times$ _____ $\times$ _____ $=$ _____。

⑤ 你发现了更简单地计算这些问题的方法了吗？说出你的想法。

（2）辨析概念变式。在形成概念之后，通过典型实例的选取和变式，引导学生明晰概念的本质属性。通常都是列举概念的表述形式、变换图形、列举反例等。例如，在讲到同类项的概念时，可以引导学生在改变单项式的系数、次数、字母、位置等过程中，总结出概念的特征。

① $-5xy$ 与 $32xy$　　　　　② mn^2 和 $6m^2n$

③ π 和 8.7　　　　　④ $5m^3n^4p^5$ 和 $\frac{5}{4}p^5n^4m^3$

（3）深化概念变式。在形成概念并辨析概念之后，还要进一步实现概念的巩固、深化，才能灵活地应用。在教学中，应该鼓励学生尝试自主变式，解决数学问题。学生的积极参与，不仅有助于教师了解学生概念掌握的情况，还有助于提高学生的学习兴趣，增强学生学习的自信心。

例如，在单项式的系数和次数的教学中，可以引导学生思考如下变式：

变式 1：指出以下单项式的系数和次数。

① $3x^4y^5$　　② $5\pi a^3 b^6$　　③ $2^2 m^3 n^2$　　④ $\dfrac{2}{3} p^3 qr$　　⑤ 4^2

变式 2：已知单项式 $5^2 a^{|m|} b^4$ 的次数为 7，求 m 的值。

变式 3：已知单项式 $(a-3) x^2 y^{|a|} z^4$ 的次数为 9，求 a 的值。

变式 4：如果 $3x^m y^4$ 与 $n^2 x^2 y^{|n-m|}$ 是关于 x，y 的单项式，其系数相等，次数都是 6，求 m，n 的值。

2. 数学公式、定理变式

（1）公式、定理的形成。在数学教学中，公式、定理的形成通常都是以实际问题的观察分析为基础，通过变式问题的研究，逐渐展开形成的。如平方差公式可采用如下的形成过程。

问题 1：计算下列算式。

$\begin{cases} 7 \times 9 \\ 8 \times 8 \end{cases}$　　　$\begin{cases} 11 \times 13 \\ 12 \times 12 \end{cases}$　　　$\begin{cases} 39 \times 41 \\ 40 \times 40 \end{cases}$　　　$\begin{cases} 99 \times 101 \\ 100 \times 100 \end{cases}$

从以上算式中可以找到什么规律？用字母表示出来。

问题 2：计算下列各项，回答问题。

$$(x+2)(x-2) \qquad\qquad (2m+2)(2m-2)$$
$$(3a+b)(3a-b) \qquad\qquad (5x+z)(5x-z)$$

① 观察式子左边有何共同特征？

② 观察计算结果有何共同特征？

③ 请用式子表示你的发现。

④ 请用语言叙述你的发现。

（2）公式定理的多证变式。公式定理的多证变式指的是学生在形成公式定理后，从多个角度完成公式、定理的推导。这个推导过程可以强化学生对数学公式和定理的理解，引导学生在不同的条件下完成公式和定理的运算、类比和归纳，培养学生的探究、创新能力，加深对公式和定理的认识和理解。

如勾股定理可引导学生做以下多证变式。

证法 1：拼图验证。

（1）图 6 - 14 为《周髀算经》中记载的赵爽弦图，请根据该图思考如何利用面积来证明勾股定理。

（2）根据赵爽的思路，能否只剪两刀就把相邻的两个正方形拼成一个新的正方形。

（3）根据拼图证明勾股定理。

证法 2：总统证法。利用图 6 – 14，通过面积计算证明勾股定理。

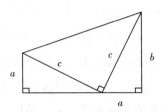

图 6 – 14

证法 3：如图 6 – 15 所示，准备 4 个全等直角三角形和 3 个以直角三角形边长为长的正方形。运用这些图形，另外再拼一些正方形，有几种拼法？画出示意图，并利用该图形证明勾股定理。

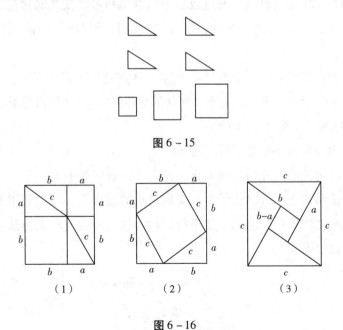

图 6 – 15

图 6 – 16

可以利用图 6 – 16 中的（1）（2）组合来证明勾股定理，也可以单独利用（2）或（3）来证明，这些变式将会使学生体会到多种证明方法，形成发散思维。

（3）公式定理的变形变式。公式定理的变形变式指的是形成公式定理之后，借助形式和结构的变式，完成公式定理的多角度观察、思考和证明，让学生更好地掌握公式、定理并能够灵活运用到实际问题的解决过程中。

例如，平方差公式可有如下变形变式：

$$(a+b)(-b+a) = (a+b)(b-a) = (-a-b)(a-b)$$
$$= -(-a+b)(-a-b)$$

有些定理，还要对其逆命题加以讨论，以达到巩固理解的目的。例如，角平分线的性质及判定、线段垂直平分线的性质及判定、勾股定理及其逆定理等的逆命题仍然成立，而全等三角形对应角相等、对顶角相等等的逆命题则不成立。

3. 初中数学例题、习题变式

教材中选用的例题和习题都是学科教学专家经过多年的实践研究和反复总结形成的精华，也是中考考查的重点内容。因此，在教学过程中，教师要深入挖掘教材，系统研究教材中的例题和习题，并通过引导学生改变和拓展例题和习题，达到知识构建的目的。通过教材中的例题和习题变式的讨论，可以总结出一般性的问题解决方法和规律，抓住其中的数学思想，全面地认识和思考问题。

如人教版八年级数学下册教材第 46 页例 3 的题目内容如下：

如图 6-17 所示，平行四边形 $ABCD$ 的对角线 AC 和 BD 相交于点 O，点 E，F 是 AC 上的两点，并且 $AE = CF$。

证明：四边形 $BFDE$ 是平行四边形。

分析：这道例题的证明方法不止一种，是一题多解的典型题目。教材上只给出了一种证明方法，可以让学生在交流讨论的基础上，尝试利用多种方法进行证明，证明之后再对不同的方法进行比较，找出较为简单的方法。另外，还可引导学生做以下变式。

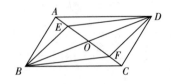

图 6-17

变式 1：在图 6-17 中，如果点 E，F 在线段 AC 上运动，且点 E，O，

F 不重合，在运动过程中始终保持 $AE = CF$，其他条件不变，原来的结论还成立吗？

变式 2：如图 6-18 所示，如果点 E，F 在直线 AC 上运动，且都不在线段 AC 上，在运动过程中始终保持 $AE = CF$，其他条件不变，原结论是否成立？

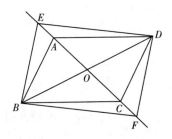

图 6-18

变式 3：如图 6-19 所示，已知在平行四边形 $ABCD$ 中，点 E 和点 F 在线段 AC 上，且 $AE = CF$，原结论成立吗？

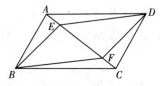

图 6-19

变式 4：如图 6-20 所示，在平行四边形 $ABCD$ 中，点 E 和点 F 在线段 AC 上，且 $BE \parallel DF$，原来的结论还成立吗？

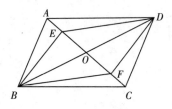

图 6-20

对于教材习题的变式，可以人教版八年级下册数学教材第 69 页第 14 题为例进行说明。该题目如下：

如图 6-21 所示，四边形 $ABCD$ 为正方形，点 E 是 BC 边的中点，$\angle AEF =$

90°，且 *EF* 交正方形外角平分线 *CF* 于点 *F*。

求证：$AE = EF$。

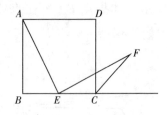

图 6 – 21

变式 1：

① 如图 6 – 21 所示，点 *E* 在线段 *BC* 上运动，且不与点 *B*，*C* 重合，其他条件不变，原结论是否成立？

② 如图 6 – 22 所示，点 *E* 为 *CB* 延长线上的一点，其他条件不变，原结论是否成立？

变式 2：

① 如图 6 – 21 所示，如 *E* 为 *BC* 中点，则 $AF = $ _____ *BE*；

② 在图 6 – 21 中，如果 *E* 不是 *BC* 中点，*AF*，*AB* 和 *BE* 的长度有何关系？

变式 3：

① 如图 6 – 23 所示，△*ABC* 是等边三角形，点 *F* 为 ∠*ACP* 平分线上的一点，且 ∠*AEF* = 60°，是否存在 $AE = EF$？

② 如果把图 6 – 21 中的正方形改为正 *n* 边形，则当 ∠*AEF* = _____ 时，结论 $AE = EF$ 仍成立。

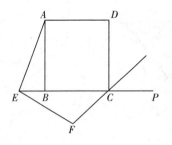

图 6 – 22

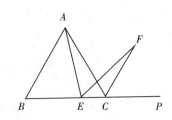

图 6 – 23

三、数学方法变式

1. 一题多解

一题多解就是学生从不同的角度出发，利用多种方法来解决同一问题。这就要求学生在解决问题时，要多问自己能不能找到其他的方法来解决该问题。在教学中，教师需要认真钻研教材，鼓励和引导学生灵活运用所学知识，打破思维定式。

例如，在图 6 – 24 中，$\angle A = 60°$，$\angle B = 20°$，$\angle C = 30°$。试求 $\angle BPC$ 的度数。

解法 1：如图 6 – 25 所示，延长 BP 与 AC 相交于点 M。

∵ $\angle BMC$ 是 △ABM 的外角，

∴ $\angle BMC = \angle B + \angle A$。

∵ $\angle BPC$ 是 △PMC 的外角，

∴ $\angle BPC = \angle PMC + \angle C$，

∴ $\angle BPC = \angle B + \angle A + \angle C = 60° + 20° + 30° = 110°$。

解法 2：如图 6 – 26 所示，连接 AP，并延长于点 M。

∵ $\angle BPM$ 是 △ABP 的外角，$\angle CPM$ 是 △ACP 的外角，

∴ $\angle BPM = \angle B + \angle BAM$，$\angle CPM = \angle C + \angle CAM$

∴ $\angle BPC = \angle BPM + \angle CPM = (\angle B + \angle BAM) + (\angle C + \angle CAM) = \angle B + \angle C + (\angle BAM + \angle CAM) = \angle B + \angle BAC + \angle C = 60° + 20° + 30° = 110°$。

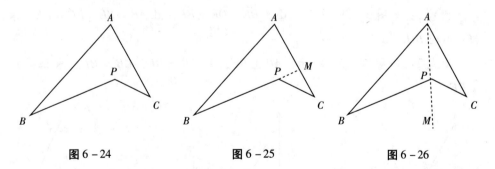

图 6 – 24　　　　　　图 6 – 25　　　　　　图 6 – 26

解法 3：如图 6 – 27 所示，连接 BC。

∵ △ABC 中，$\angle A + \angle ABC + \angle ACB = 180°$，且 $\angle A = 60°$，$\angle ABP = 20°$，$\angle ACP = 30°$，

$\therefore \angle PBC + \angle PCB = 70°$。

$\because \triangle PBC$ 中，$\angle PBC + \angle PCB + \angle BPC = 180°$。

$\therefore \angle BPC = 110°$。

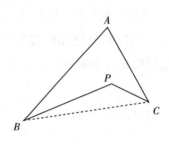

图 6 - 27

2. 一法多用

一法多用也就是多题一解，这是在对多个问题进行思考总结的基础上形成的思想方法和技巧。很多问题表面看来没有联系，但是解题思路是相近的。因此，应该注意引导学生研究和分析典型问题，进行同类异型的变式，总结归纳解题方法和策略，抓住易错点，构建知识网络。一法多用的分析可以使学生更好地体会不同知识点之间的联系，促进其分析问题、解决问题能力的提高和逻辑思维的发展。

例如，利用全等证明两线垂直的题目较多，可举例如下：

例如，如图 6 - 28 所示，$AB \perp BE$，$DE \perp BE$，且 $AB = CE$，$AC = CD$。求证：$AC \perp CD$。

变式1：如图 6 - 29 所示，$AB \perp BE$，$DE \perp BE$，且 $AB = BE$，$BC = DE$。求证：$AC \perp BD$。

变式2：如图 6 - 30 所示，$AB \perp BE$，且 $AB = BE$，$CB = BF$。求证：$AC \perp EF$。

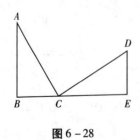

图 6 - 28

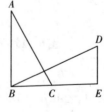

图 6 - 29

图 6 - 30

分析：这几个问题的证明思路都是通过全等三角形找出两个相等的角，而后再找出一个三角形中两个角互余，证明出两直线垂直。通过变式，达到举一反三的目的，学生就会在变化中准确地找出全等三角形。

3. 一题多变

一题多变就是以一题多问或题目条件、结论、数据和图形的变化为手段，对数学问题进行多方面的分析，达到触类旁通的目的。在此过程中，学生会建立各知识模块之间的联系，不断地开阔思路，并形成创新精神。

例如，如图 6－31 所示，AB 是⊙O 的直径，在△ABC 中，$AB = AC$，边 BC，AC 分别与⊙O 相交于点 D 和点 E。求证：$BD = DC$。

变式 1：在图 6－31 中，AB 是⊙O 的直径，点 D 是⊙O 上与 A，B 不重合的任意一点，连接 BD 并延长至点 C，使 $DC = BD$，连接 AC，请判断△ABC 的形状。

变式 2：如图 6－31 所示，⊙O 是以 AB 为直径的圆，在△ABC 中，BC 和 AC 分别与⊙O 相交于点 D 和点 E，请问满足什么条件，才能有△$ADB \cong$ △ADC？

变式 3：在图 6－32 中，AB 是⊙O 的直径，在△ABC 中，$AB = AC$，边 BC，AC 分别与⊙O 相交于点 D 和点 E，连接 DE。试证明：$BC = 2DE$。

变式 4：在图 6－33 中，⊙O 是以 AB 为直径的圆，在等腰三角形 ABC 中，$AB = AC = 5$，边 BC 与⊙O 相交于点 D，点 E 是 AC 的中点，连接 DE，DE 长为多少？

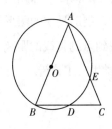
图 6－31

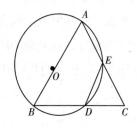
图 6－32

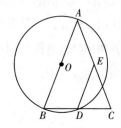
图 6－33

第四节　在初中数学教学中引导学生
自主变式应注意的问题

一、注意现代教育技术的应用

现在，高速发展的信息技术应该成为初中数学教学的重要工具。多数初中学校都已经安装了电子白板，信息技术已经真正走进了课堂。如果将初中数学教学引导学生自主变式的过程与现代教育技术结合起来，将会更好地发挥变式教学的作用，形成更加有效的教学模式。在教学中，可以利用现代教育技术，给学生创设丰富多变的问题情境和宽松融洽的学习氛围。现代信息技术既可以静态展示几何图形的结构，又可以动态展示图形和图像的变化过程，比传统教学更容易激发学生的学习积极性，收到更好的课堂教学效果。

在初中数学教学中，引导学生自主变式，可以利用 PPT 课件静态展示数学图像或几何图形，借助多变的情境突出其最本质的特征，使学生形成清晰、深刻的理解和认识。例如，引导学生在多种变式中理解数学概念的内涵，借助具体的图形对比区分和理解轴对称和轴对称图形的概念，从复杂的图形中找到点到直线的距离。在圆周角的教学中，可以展示如图 6-34 所示的几何图形，让学生自主分辨。

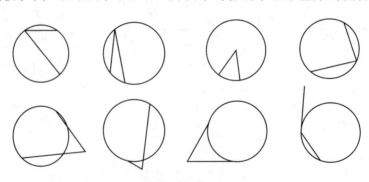

图 6-34　圆周角分辨展示图形

利用几何画板、Flash 动画等软件还可以动态地展示几何图形和函数图像的变化情况，使数学知识变得更加形象和直观，更容易突破教学重点和教学难点。如在全等三角形的教学中，可以让学生事先准备两个全等的三角形，在平移、翻折、旋转之后得到新图形，并从新的图形中找出对应边和对应角。而后，利用几何画板展示如图 6 – 35 所示的图形，让学生做出分析。这将有助于学生在日后遇到的数学习题中快速而准确地找出全等三角形。

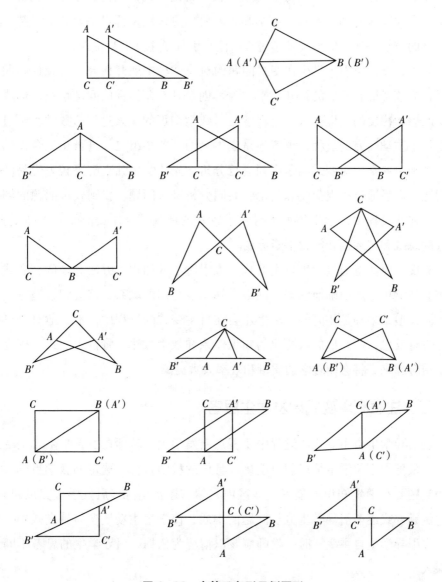

图 6 – 35　全等三角形示例图形

二、注意引导学生在变式中探究

随着课程改革的不断发展，涌现出了越来越多的教学模式。但是不管是引导学生自主变式教学，还是其他的教学模式，都应该将学生创新意识和探究能力的培养作为目标。因此，探究式教学也应该是引导学生自主变式时必然用到的重要的教学方式。探究式教学的主要载体就是问题，主要操作环节就是要引导学生主动地探究和学习新的数学知识。要想更好地发挥自主变式的优势，取得更好的教学效果，应该在教学过程中注意引导学生开展自主探究。

首先，要注意引导学生在变式问题的对应情境中展开探究。在设计问题情境时，应该考虑到学生的认知水平，为其创设具有差异性的问题情境，形成富有层次感和梯度的情境变式，重视学生对数学知识的探索过程。数学教学过程既是学生主动探究的过程，也应该是学生之间、各小组之间进行交流合作的过程。教师引导学生对变式问题序列进行分析，先让学生独立解决较为容易的数学问题，而后通过小组交流和讨论，共同分析疑难问题，找到较难问题的解决方法。在此过程中，学生的思维得到了较好的展现，合作交流能力不断增强，良好的思维和实践创新能力不断形成。

其次，要注意通过学生自主变式，巩固所学的知识、方法和技能。变式训练将会使学生更加明确地感知不同数学知识点之间的联系，体会到解题方法虽然不同，但结果却是相同的。学生还会在自主变式的过程中，不断地对自己的学习进行反思，逐渐形成系统化的知识体系和数学方法。将自主变式与探究式教学结合起来，将会使教学的质量和效率大大提高。

三、注意利用变式启发学生思考

在引导学生自主变式的过程中要注意启发学生。教师在引导学生自主变式时，要根据内容与学生情况制订明确、具体的教学目标。选定的教学目标、设计的问题要在学生知识的最近发展区内，然后逐步引导、启发学生完成目标。通过例题变式逐渐引导学生分析问题的本质，使学生主动地参与到变式中。因而，在引导学生自主变式时，教师应该以情境为依据，引导学生的思考不断走向深入。

在教学中，可以引导学生就所要解决的数学问题生成一系列的变式问题，由特殊到一般不断加深讨论的层次，帮助学生抓住问题的实际。而后启发学生对这些变式问题之间的内在联系进行思考，提炼和总结出解决该问题的方法和规则，使学生在原有的认识上得到提高，系统地掌握新知识，提高解决实际问题的能力。必要时，教师可以设置一些思维障碍，以激发学生的求知欲，引导和启发学生养成主动学习、勤于思考、勇于探索的学习习惯。

如"一元二次方程的根与系数的关系"可以采用如下的设计方式。

呈现研究课题：一元二次方程的根与系数的关系。

变式 1：求解方程 $x^2 + 4x + 3 = 0$ 和 $x^2 + 7x - 8 = 0$，而后分别求两个方程根的和与积，思考方程的根与系数之间的关系。

变式 2：求解方程 $2x^2 - 3x - 2 = 0$ 和 $3x^2 + 17x - 6 = 0$，而后分别求两个方程根的和与积，思考方程的根与系数之间的关系。

变式 3：猜想方程 $ax^2 + bx + c = 0$（$a \neq 0$）的根与系数之间的关系。

变式 4：求解方程 $x^2 + x + 2 = 0$，并判断其根与系数之间的关系是否满足前面得出的结论。

变式 5：用数学语言表达你所得出的规律。

通过解答这五个问题，引导学生按照逻辑顺序层层递进地探究一元二次方程根与系数之间的关系，以问题串的形式使学生保持浓厚的学习兴趣，主动地发现、掌握并运用数学规律，避免了学习的盲目性。

四、引导学生自主变式需要做到适度

在引导学生自主变式的教学过程中，想要达到预期的教学效果，必须根据学生的认知水平，选择最为恰当的变式问题。设置的问题既要有梯度，做到由易到难，逐步深入；也不应跨度太大，超越了学生的最近发展区。如果形成的变式较难，可以将其分解成为若干个小题目，让学生逐步解决所遇到的数学问题，逐渐树立学习的自信心。否则，题目过难，学生就会产生较为严重的畏难情绪。当然，问题变式也不能过于简单，否则学生就会感到无趣、反感。

引导学生自主变式的教学效果如何，不在于自主变式生成的问题的数量，而在于所生成的问题是否典型，是否有助于学生对概念的理解，是否有助于学生进一步思考和解决问题。采用题海战术，会使学生产生思维疲劳。

引导学生自主变式并不是万能的教学方式，应该根据课型的不同恰当地选择，做到因课而异。如新授课和复习课的教学目标不同，教学内容和教学方式差异也较大，在引导学生自主变式时所采用的方法也应该有所区别。

如一道规律探究题。题目内容如下：将一根绳子对折 1 次后从中间剪一刀，绳子变成几段？对折 2 次、3 次、⋯、n 次，绳子又会分别变成几段？如果没有图像辅助，学生难以展开思考；如果借助计算机呈现实物变化示意图，逐步呈现题目内容，就会化难为易、化繁为简，使学生较为容易地找到问题的解决方法。利用计算机呈现剪绳子的示意图，克服了课堂教学中不可能实际演示剪绳子过程的困难，学生理解和分析起来较为容易。绳子对折 1 次，从中间剪开，可以形成两个切口，即 2×1 切口，绳子被分成了 3 段，即 $2 \times 1 + 1 = 3$ 段；对折 2 次，从中间剪开，可以形成 4 个切口，即 2×2 切口，绳子被分成了 5 段，即 $2 \times 2 + 1 = 5$ 段；对折 3 次，从中间剪开，可以形成 6 个切口，即 2×3 切口，绳子被分成了 7 段，即 $2 \times 3 + 1 = 7$ 段；依次类推，如果将绳子对折 n 次，从中间剪开，可以形成 $2n$ 切口，绳子被分成了 $2n + 1$ 段。

按照上面的设计，逐步展开问题，呈现出了由简到繁、由具体到抽象的基本教学思路。先解决简单的问题，可以使学困生保持较强的学习信心；而后解决难度较大的问题，则可以激发优秀学生的学习兴趣，激活其数学思维。这样一来，所有的学生都可以发挥出其学习的主动性，教学设计更贴近学生的最近发展区。对折 n 次从中间剪开的问题无法用图形表达出来，具有较大的难度，但是通过对"对折 1 次、2 次、3 次"的问题进行分析，学生就得到了明确的结论，这时让其扔掉图形辅助的"拐杖"并不困难，学生可以顺利地通过归纳分析给出结论。

引导学生自主变式时，还需要注意教学环境和教学媒体，注意与其他教学方式相融合。

第七章

在初中数学教学中引导学生自主变式的案例分析

第一节　概念教学自主变式案例分析

许多数学概念貌似简单，在教材上只给出了标准定义，而并没有对其数学本质做过多的表述。这就使学生很容易忽略对概念的理解。绝对值就是最好的例子。在初中数学教学中，绝对值是一个重要的知识点，对后续的学习有重要的影响。如果在教学过程中，学生只是理解了绝对值的表层意义，不能抓住其数学实质，就会出现两种结果：一是在后续学习过程中，特别是在有理数加减法、二次根式、绝对值课程的学习过程中遇到理解上的困难；二是只能处理较为简单的数学问题，遇到较难的数学问题就会出现各种错误。当然，因为无法领悟数学思想的精髓，学生很难在学习中做到举一反三。以下就以绝对值的概念的教学为例，说明引导学生自主变式的教学设计策略，并将其与非自主变式教学案例加以对比。

一、非自主变式教学案例

（1）教师陈述"绝对值"的概念：a 的绝对值就是在数轴上表示 a 点到原点的距离，记为 $|a|$。

（2）教师说明绝对值的代数意义：正数的绝对值就是其本身，负数的绝对值是其相反数，0 的绝对值仍为 0。

（3）教师说明绝对值的几何意义：对于 a 来说，其绝对值就是数轴上表示 a 的点与原点之间的距离。

（4）教师举例说明：$|6|=6$；$|-20|=20$。

（5）学生做课本上的练习题。

二、自主变式教学案例

（1）教师分析绝对值的概念：a 的绝对值就是在数轴上表示 a 点到原点的

距离，记为 | a | 。

（2）教师明确绝对值的代数意义：正数的绝对值就是其本身，负数的绝对值是其相反数，0 的绝对值仍为 0。

（3）教师引导学生分析绝对值的几何意义：对于 a 来说，其绝对值就是数轴上表示 a 的点与原点之间的距离。

（4）教师举例说明： | 6 | =6； | -20 | =20。

（5）引入自主变式例题：

① | -26 | =_____。

② 大于 0 的有理数的绝对值都____其本身（填"大于""等于"或"小于"）。

③ 小于 0 的有理数的绝对值都____其本身（填"大于""等于"或"小于"）。

④ 所有的有理数的绝对值都不是____数（填"正""负""非正"或"非负"）。

⑤ ____的绝对值最小。

对比以上两个案例可以发现，在概念教学中自主变式与非自主变式教学的区别在于是否具有变式例题。在绝对值的教学过程中，自主变式例题的加入有助于学生更好地理解概念。笔者在教学过程中，利用课本上的两道习题对学生的学习情况进行了评估，评估结果见表 7-1。

表 7-1　绝对值概念教学对比评估结果

项目	习题 1	习题 2
非变式教学做对人数	26	21
变式教学做对人数	37	29

从评估结果来看，单纯地利用课本上的概念和例题进行概念教学的实际效果并不理想，如果能加入一些合理的变式例题，学生将会更加透彻地理解数学概念，解答课后习题的正确率也更高。这样做将会节省教师更多的教学时间。如果没有采用自主变式教学，教师通常还会专门安排两到三节课的时间进行变式训练，否则学生对绝对值的理解难以达到预期要求。

第二节 定理自主变式案例分析

三角形全等是初中数学教学中的重要内容。掌握好了三角形全等的判定定理后，再学习相似三角形等内容就显得较为轻松。为了说明定理自主变式的教学，在此以全等三角形判定定理"SSS"为例进行分析，并将自主变式教学模式与非自主变式教学案例加以对比。

一、非自主变式教学案例

教师根据教材内容，先让学生在纸上画出一个任意 $\triangle ABC$，再画一个 $\triangle A'B'C'$，两个三角形满足 $A'B' = AB$、$B'C' = BC$、$C'A' = CA$，再把画好的 $\triangle A'B'C'$ 剪下来，放到 $\triangle ABC$ 上判断两个三角形是否全等。

让学生亲自动手操作实践，教师拿着学生做的三角形提问：你们的结果是什么？而后自然地过渡到"SSS"定理：三边对应相等的两个三角形全等。

呈现八年级数学上册第 36 页例 1：在如图 7 - 1 所示的三角形钢架中，$AB = AC$，AD 是连接点 A 与 BC 中点的支架。求证：$\triangle ABD \cong \triangle ACD$。

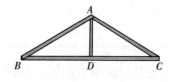

图 7 - 1

教师在黑板上书写规范的证明格式，然后让学生做八年级数学上册第 37 页的两道练习题。

二、自主变式教学案例

教师引导学生做教材第 35 页的探究 1 和探究 2，通过动手实践证明并自然引出"SSS"定理：三边对应相等的两个三角形全等。

呈现：在如图 7 – 2 所示的三角形钢架中，$AB = AC$，AD 是连接点 A 与 BC 中点的支架。求证：$\triangle ABD \cong \triangle ACD$。

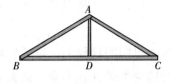

图 7 – 2

在黑板上规范书写例题的证明格式，给学生两分钟时间消化吸收，而后引导学生对该例题进行变式，形成如下的题目：

（1）如图 7 – 3 所示，$AB = AD$，$CB = CD$，$\triangle ABC$ 与 $\triangle ADC$ 全等吗？为什么？

（2）如图 7 – 4 所示，点 B，E，C，F 在一条直线上，$AB = DE$，$AC = DF$，$BE = CF$。求证：$\angle A = \angle D$。

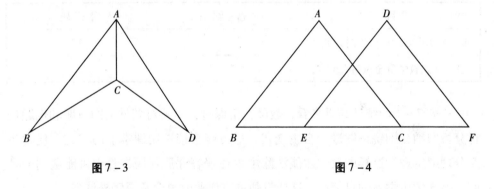

图 7 – 3   图 7 – 4

（3）如图 7 – 5 所示，在 $\triangle ABC$ 中，$AB = AC$，点 D 是 BC 的中点，点 E 在 AD 上，找出图中的全等三角形，并证明它们全等。

图 7 – 5

让学生到黑板上把变式题目的证明过程写出来，讲解订正后再让学生做课后思考与练习。通过对比，我们发现这两个案例的区别在于利用课本例题讲解定理"SSS"的运用后是否加入变式题目对定理进行深入的理解。我们可以看到这组变式题是课本后面的习题，在课堂上进行讲解有助于提高学生课后作业的完成质量。

在做课本上的思考题和练习题的过程中，笔者发现，采用非自主变式教学的班级中，部分学生对思考题中的条件找不全，认为题目条件不够，再就是书写格式不规范；采用自主变式教学的班级的学生经过变式题目的训练后，只有个别学生书写格式丢三落四。加入的变式题目与这两道题有类似之处，因此大部分学生能马上从题目中找出三个隐含的与非隐含的条件来证明两个三角形全等，做起来速度也快很多。

汇总两个班级学生做思考题和练习题的情况，可得表7-2的结果。

表7-2 全等三角形判定定理"SSS"定理的思考题和练习题做题情况统计表

项目	思考题	练习题
非自主变式教学班全做对人数	11	17
自主变式教学班全做对人数	26	37

从表7-2的统计结果来看，教师在备课时，需要对教材上的习题和例题进行分析归纳，围绕例题进行自主变式，尽可能直接选用课本上的习题，使学生充分理解定理，这样的教学才能消除学生在解答课后习题过程中可能遇到的疑问，增强学生学习的自信心。这样教师批改作业时也会觉得轻松许多。

第三节　例题自主变式案例分析

例题自主变式教学的范例既可源于教材中的例题或习题，也可以是其他题目，但是必须要具有针对性、基础性、灵活性和可变性，即针对特定的知识点进行训练，有助于学生掌握基本知识和基本方法，解法灵活多变，题目可由学生自己或在教师引导下变式，形成一系列关联性强的题目群。以范例为基础，研究解法变式，可以做到一题多解、优化解法，使学生的思维更加灵活。例题自主变式过程中，教师要注意及时启发、诱导和点拨学生，帮助其突破解题难点；及时给予鼓励性评价，增强其继续探索的信心。学生则要在相互交流和启发的基础上，自主探究各种不同的解法，从不同的角度来思考问题，提出问题的多种解法，做到求新立异。

下面以各类资料中常见的一道几何证明题的证法变式来进行说明。

已知：如图 7-6 所示，AB 与 $\odot O$ 相切，切点为 B，$BC \perp AO$，垂足为 C。

求证：$\angle 1 = \angle 2$。

证法 1：连接 OB，如图 7-7 所示，由切线的性质有 $OB \perp AB$。

∵ $BC \perp OA$，

由"同角的余角相等"可得 $\angle OBC = \angle A$。

∵ $OB = OD$（同圆半径相等），

∴ $\angle OBD = \angle ODB$。

由三角形外角定理，有 $\angle OBD = \angle 1 + \angle A$，又 $\angle OBD = \angle OBC + \angle 2$，

∴ $\angle 1 + \angle A = \angle OBC + \angle 2$，

∴ $\angle 1 = \angle 2$。

证法 2：如图 7-8 所示，延长 AO 与 $\odot O$ 相交于点 E，连接 BE，

由弦切角定理有 $\angle 1 = \angle E$。

∵ DE 是 $\odot O$ 的直径，由直径所对圆周角为直角，有 $BD \perp BE$，

又 $BC \perp OA$，由同角的余角相等可知 $\angle 2 = \angle E$，

∴ $\angle 1 = \angle 2$。

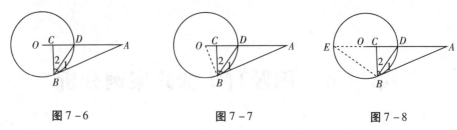

图 7 - 6   图 7 - 7   图 7 - 8

证法 3：延长 BO 与 ⊙O 相交于点 E，连接 DE，如图 7 - 9 所示，

由弦切角定理有 $\angle 1 = \angle E$。

由同圆半径相等，有 △OED 为等腰三角形，$\angle E = \angle EDO$。

又 BE 是 ⊙O 的直径，$BC \perp AO$，利用同角的余角相等，可有 $\angle EDO = \angle 2$，

∴ $\angle 1 = \angle 2$。

证法 4：如图 7 - 10 所示，延长 BC 与 ⊙O 相交于点 E，连接 DE，由弦切角定理可有 $\angle 1 = \angle E$，又由垂径定理可知 $\angle 2 = \angle E$，

∴ $\angle 1 = \angle 2$。

证法 5：如图 7 - 11 所示，连接 OB，则 $OB \perp AB$，过点 D 作 $DE \perp AB$ 于点 E，由垂直于同一条直线的两条直线互相平行，可有 $DE \parallel OB$。

由平行线的性质和等腰三角形的性质可有 $\angle EDB = \angle DBO = \angle ODB$，

由等角的余角相等，可得 $\angle 1 = \angle 2$。

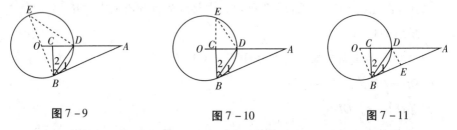

图 7 - 9   图 7 - 10   图 7 - 11

在教学过程中，引导学生围绕同一例题，探究多种解题方法，使学生的思维不断地发散，学生一直处于积极的思维状态，不断地进行探索。在前面例题的五种解法中，用到了等腰三角形的性质、弦切定理及其推论、三角形外角的性质、余角的性质、垂径定理等知识，引导学生将所学知识综合起来，应用到实际问题的证明中，有助于学生综合应用能力的培养。借助教师的引导，学生不断地变式，提高了科学思维能力，培养了创新精神。

第四节　习题自主变式案例分析

习题教学的目的是使学生学会灵活地运用所学知识解决数学问题。为了说明习题自主变式，以下以人教版八年级数学教材第十一章"与三角形相关的角"的内容为例，对自主变式教学进行案例分析，并与非自主变式教学的案例进行比较。

一、非自主变式教学案例

（1）如图 7 – 12 所示，在 △ABC 中，∠ABC，∠ACB 的角平分线相交于点 O，∠A = 40°，求 ∠BOC 的度数。

（2）如图 7 – 13 所示，在 △ABC 中，∠ABC，∠ACB 的两个外角 ∠CBD，∠BCE 的角平分线相交于 O 点，∠A = 40°，求 ∠BOC 的度数。

（3）如图 7 – 14，在 △ABC 中，∠ABC 是内角，∠ACD 是外角，∠ABC 与 ∠ACD 的角平分线相交于点 O，∠A = 40°，求 ∠BOC 的度数。

（4）试证明：图 7 – 12 和图 7 – 13 中的两个 ∠BOC 之和为 180°，图 7 – 13 和图 7 – 14 中的两个 ∠BOC 之和为 90°。

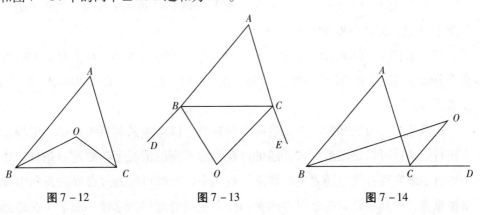

图 7 – 12　　　　　　图 7 – 13　　　　　　图 7 – 14

二、自主变式教学案例

呈现基础题：如图 7 – 12 所示，在△ABC 中，∠ABC，∠ACB 的角平分线相交于点 O，∠A = 40°，求∠BOC 的度数。

变式 1：如图 7 – 13 所示，在△ABC 中，∠ABC，∠ACB 的两个外角∠CBD，∠BCE 的角平分线相交于 O 点，∠A = 40°，求∠BOC 的度数。

变式 2：如图 7 – 14，在△ABC 中，∠ABC 是内角，∠ACD 是外角，∠ABC 与∠ACD 的平分线相交于点 O，∠A = 40°，求∠BOC 的度数。

变式 3：由图 7 – 12 和图 7 – 13 可以发现两个∠BOC 之间有何关系？如果∠A = 100°，图中两个∠BOC 各多少度？如果∠A = n°，结果如何？

变式 4：由图 7 – 13 和图 7 – 14 可以发现两个∠BOC 之间有何关系？如果∠A = 100°，图中两个∠BOC 各多少度？如果∠A = n°，结果如何？

通过对比，我们发现这两个案例的区别在于要证明的结论是否直接给出，是否要求由特殊情况归纳到一般情况。在基础题的基础上进行变式很显然有利于让学生进行思考，分别是两条内角平分线、两条外角平分线、一条内角和一条外角平分线，层层递进，让学生充分利用三角形的角平分线定义和三角形内角和定理及外角定理解决问题，从特殊角度到一般角度，培养学生归纳总结的能力。

笔者在教学中，还布置了如下的作业：

（1）如图 7 – 12 所示，△ABC 的∠ABC 和∠ACB 的角平分线交于 O 点，问∠BOC 和∠A 有何关系？

（2）如图 7 – 13 所示，∠CBD 和∠BCE 是△ABC 的两个外角，其角平分线相交于 O 点，则∠BOC 和∠A 有何关系？

（3）如图 7 – 14 所示，∠ABC 和∠ACB 是△ABC 的内角，O 点是∠ABC 的角平分线和与∠ABC 对应的外角的角平分线的交点，试判断∠BOC 和∠A 的关系。

实践证明，习题课教学需要教师多动脑筋，以基本的题目为基础，引导学生进行变式：可以是图形变式，还可以在图形不变的情况下改变题目条件，使学生自主地发现各类习题之间的联系。教学中，教师可以通过必要的设问引导学生思考，使其在做题的过程中感受和体会变式的思想，这样一来学生在遇到条件变化或图形变化的题目时就不会再感到不知所措。此外，在课后还要给学生设计类似的作业题，让学生在独立完成作业的过程中获得问题分析能力的自主培养。

为了说明图形不变而条件变化的变式，以下再以勾股定理为例进行说明。

例题：图 7 - 15 为一个机器零件，其中 $\angle A$ 和 $\angle DBC$ 都是直角，经手工测量得知 $DA = 16$ 厘米，$AB = 12$ 厘米，$DB = 20$ 厘米，$BC = 15$ 厘米，$DC = 25$ 厘米。请判断该零件是否合格？

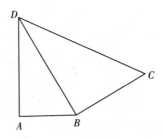

图 7 - 15

这个问题考查的知识点是勾股定理逆定理，解题方法为判断 $BD^2 = AD^2 + AB^2$ 和 $DC^2 = BD^2 + BC^2$ 是否成立：如成立则 $\angle A$ 和 $\angle DBC$ 都是直角，零件合格，否则零件不合格。保持图形不变，可以做如下变式。

变式 1：如图 7 - 15 所示，$DA = 16$ 厘米，$AB = 12$ 厘米，$DB = 20$ 厘米，$BC = 15$ 厘米，$DC = 25$ 厘米，以下结论正确的是_____。

A. $\angle A < \angle DBC$ B. $\angle A > \angle DBC$ C. $\angle A = \angle DBC$ D. 无法确定

变式 2：如图 7 - 15 所示，$\angle A = 90°$，$AD = 16$ 厘米，$AB = 12$ 厘米，$DC = 25$ 厘米，$BC = 15$ 厘米，则_____。

A. $\triangle DBC$ 是直角三角形，且 $\angle DBC = 90°$

B. $\triangle DBC$ 是直角三角形，且 $\angle B = 90°$

C. $\triangle DBC$ 是直角三角形，且 $\angle BDC = 90°$

D. $\triangle DBC$ 是直角三角形，且 $\angle D = 90°$

变式 3：如图 7 - 15 所示，$\angle A = 90°$，$\angle DBC = 90°$，$AD = 16$ 厘米，$AB = 12$ 厘米，$BC = 15$ 厘米，求 CD 的长。

变式 4：如图 7 - 15 所示，$\angle A = 90°$，$\angle DBC = 90°$，$AD = 16$ 厘米，$AB = 12$ 厘米，$CD = 25$ 厘米，求 $\triangle BCD$ 的周长。

变式 5：如图 7 – 15 所示，$\angle A = 90°$，$\angle DBC = 90°$，$AD = 16$ 厘米，$AB = 12$ 厘米，$CD = 25$ 厘米，求 $\triangle BCD$ 的面积。

以上这五个变式所考查的都是勾股定理及其逆定理，题目的图形并没有变化，但是已知条件各不相同，通过一图多用、多变拓展了学生的思维，有助于学生分析问题能力的提高，也有助于学生从中归纳出做题方法。

第八章

研究结论与建议

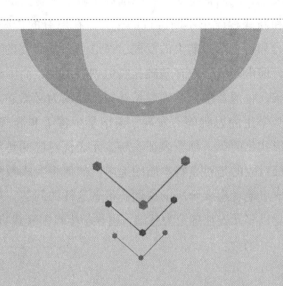

不管是选题、过程设计还是案例分析，本研究都具有较强的可行性，以下分别从涉及的几个环节说起，由此来进一步阐述研究的结论，更好地为初中数学教学提供建设性意见，同时也为初中物理、高中数学、小学数学等相近与相关学科的教学研究提供参考。

第一节　关于研究过程

从研究过程看，在初中数学教学中引导学生自主变式的教学的研究过程既有理论基础，也有实践需要，对现有文献资料进行了系统的梳理和深入的思考，借助相关理论，建构起了引导学生自主变式的教学模式，并结合具体的教学案例进行了说明，是一种理论与实践相结合的研究范式。

一、课题确定的背景

梳理变式教学的理论与实践可以发现，中国数学教学也引起了国外数学教育工作者的高度关注，他们普遍认为，中国数学教学最显著的特点就是变式教学。在素质教育和新课程改革不断推进的今天，在原有的传统教学的基础上，促进学生认知能力和自主学习能力的发展已经成为教学研究的重点。中外的数学教育各有优势，国内的数学教育基础扎实但创新不足，而国外的数学教育重视创造但基础不牢，将两者结合起来取长补短已经成为必然趋势。美籍华人蔡金法先生对比中美学生的思维能力发现，美国学生善于非形式化的多元表征，而中国学生善于形式化的单一抽象表征。与多元表征对应的是创新能力，与形式化单一抽象表征对应的是对事物本质的追求。如何将变式教学与创新能力的培养结合起来就成了笔者想要解决的课题。带着这样的问题，笔者深入地研究了相关文献，感觉以多元表征理论为基础，引导学生自主变式将是最佳选择。

二、确定研究目标

从"在初中数学教学中引导学生自主变式"的主题可以看出，研究内容为"在发挥学生自主性的基础上，让学生参与甚至主动地生成变式"。但是，作为教学研究来讲，还应该确定其价值取向，表征是数学学习内容，也是理解数学的工具。引导学生自主变式就是引导学生在学习内容多元表征的基础上，积极参与甚至主动生成变式，这实质上就是使学生实现创新。因此，从宏观上看，引导学生自主变式是变式教学与多元表征理论整合的研究；从微观上看，引导学生自主变式就是要提出一种有助于学生数学思维和创新意识发展的教学模型，并且该教学策略符合数学学科的特征，具有较强的针对性和有效性。因而，本研究就具有了明暗两条主线，明线是变式教学与多元表征理论的整合，暗线是学生数学思维和创新意识的发展。同时，从理论上讲，在初中数学教学中引导学生自主探究的研究也是研究学生思维发展的问题，符合现代教育理念，也体现了当前我国正在进行的新课程改革的总体要求，这说明在初中数学教学中引导学生自主变式是可行的。根据这样的线索，本研究的安排如下：首先，以多元表征理论和变式教学理论为基础，进行文献研究；其次，以学生数学思维和创新意识的培养为目标，进行哲学思考；再次，根据研究目标，建构理论模型；而后，针对具体的教学操作实践，提出教学策略；最后，给出具体的教学案例。

三、研究方法的使用

根据研究内容和研究目标，笔者以多元表征、变式教学和自主学习为关键词，查阅了大量的文献资料，寻找三者之间的结合点。对于初中数学教学特征的研究，增加了研究的针对性，确定了研究视角。在引导学生自主变式教学模型构建中，以理论思考为基础，演绎了教学模型，用图解的方式做了深层的分析。在引导学生自主变式教学策略的构建中，以教学模型和相关理论为基础，采用归纳与演绎相结合的方式构建出了该教学的教学策略体系，并结合具体的教学案例进行了细致的分析，为教学实践活动的落实提供了参考。

第二节 关于研究结果

一、关于多元表征与变式教学的研究

多元表征既是数学学习的手段，又是数学学习的目的。适当而科学的多元表征，有助于学生数学认知水平和学习效率的提高；而不适当、不科学的多元表征，则会导致学生认知负荷的增加和学习效率的降低。研究表明，多元表征是以多元主义为指导的学习方式，有助于学生思维能力和创新意识的发展，但是需要教师科学而恰当的引导，否则就可能成为一种学习负担。多元表征学习过程所需要的是教师在本质上的引导，而这种本质上的引导可以诉诸变式教学。变式教学是一种对本质的探寻和以灵活思维方式为追求的教学手段，是我国传统的数学教学经验。考虑到时代发展的需要、素质教育和新课程改革的实施，有必要对我国传统的变式教学进行改造，使之符合创新能力培养的需要，并突出学生在学习中的自主性。多元表征与变式教学的整合可以是哲学意义上的，多元表征和变式教学互为目的、互为手段。多元表征指的是知识点的存在状态，变式是对多元表征某个维度的思考和讨论。以多元表征理论为基础，引导学生自主变式，丰富了变式教学的内涵，可以真正实现多元表征的学、自主的学和灵活的教，这也体现了"以学论教"的教学思想。由此可见，在初中数学教学中引导学生自主变式的构想是合理的、可行的。

二、关于在初中数学教学中引导学生自主变式的理论研究

通过梳理数学学科的特点，发掘出数学学科寻求表征的模式结构的本质特点以及表征的多样性特点。在数学"对象"和"过程"的交互循环中，学生对数学的认知逐渐上升到抽象的符号化表征。正如韬尔所说，动作、操作

和符号的多元表征和抽象概括构成了数学系统。进一步的研究发现，数学学习的本质就是数学思维的学习，多元表征则是数学思维的工具，对对象进行变式的操作表征将会逐步形成形式化的符号表征。多元表征的学习反映了初中学生学习数学的特征。初中数学教学既要以基本知识和基本技能的学习为基础，也要注重学生在学习中所形成的经验、思想和方法。因此，引导学生自主变式，激发学生学习的自主性，可以实现培养学生数学思维和创新意识的教学目标。以上分析，就是在初中数学教学中引导学生自主变式的理论基础和设想。

三、关于在初中数学教学中引导学生自主变式教学模型的研究

研究中，笔者以文献整理和理论思考为基础，建立了在初中数学教学中引导学生自主变式的教学模型，目的是为了促进学生数学思维和创新能力的培养。将多元表征、变式教学和数学思维整合到一起，形成了一个相互制约、相互促进的教学模型。该教学模型直观明了，操作性强，是以理论研究和经验提炼为基础的学术成果。针对数学概念、数学技能和问题解决的学习特点，建立了在初中数学教学中引导学生自主变式的数学概念、数学技能和问题解决的教学模型，明确了基本的教学操作环节和基本的教学过程，进一步增强了对教学实践活动的指导意义。

四、关于在初中数学教学中引导学生自主变式教学策略的研究

教学模型建立之后，多元表征、变式教学和数学思维三者共同构成了教学策略体系。如何促进学生多元表征的形成，如何促进不同表征之间的联系和转化，如何有效控制学生的认知负荷，如何提高学生的学习效果，如何促进学生数学思维和创新能力的发展，如何提高学生学习的积极性，如何引导学生进行自主探究活动等问题的解答则需要借助编码学习理论和建构主义理论。以编码学习理论和建构主义理论为指导，针对初中数学学习内容的特征，可以设计出以初中数学概念、数学技能和问题解决为对象的变式教学策略。在以具体的知识点为内容的教学操作过程中，要注意保证学生思维与教学思维的一致性，保证学生学习能力与思维活动的有效发展。

五、关于在初中数学教学中引导学生自主变式的教学案例分析

通过教学案例分析，对在初中数学教学中引导学生自主变式教学模型和教学策略进行了具体的说明，体现了初中数学教学的操作方法，既凝练了研究结论，又使研究更加具体。需要指出的是，该教学模型的应用关键在于教学理论的掌握，难点在于应用的灵活性。

第三节　关于研究的创新点

本研究属于原创性研究，创新点主要体现在以下两个方面。

一、多元表征与变式教学的整合属于理论创新

研究过程中，对多元表征和变式教学的特征做了系统分析，对多元表征的多元主义学习和变式教学的本质主义教学形成了深刻的认识，两者的整合是具有哲学基础的——一元与多元主义的新认识。而后，对变式教学和多元表征的关系做了深入的研究，认为多元表征是知识点的存在状态，变式是对多元表征某一维度的变式，变式教学可以促进多元表征学习。

二、本研究以多元表征为基础建立了初中数学变式教学理论体系

研究过程中，以多元表征理论和变式教学理论为基础，建立了在初中数学教学中引导学生自主变式的教学模型和教学策略，形成了较为完整的教学理论体系。该教学理论体系的着眼点为通过理论整合，形成符合数学特征、体现数学思维特征的教学设想。

此外，本研究还给出了具体的教学案例，并与非自主变式教学案例进行了比较分析，明确了引导学生自主变式教学的特点，增强了研究的实践性和针对性。

参 考 文 献

［1］朱雁，鲍建生．从"双基"到"四基"：中国数学教育传统的继承与超越
［J］．课程·教材·教法，2017（1）：62－68.

［2］蔡金法．中美学生数学学习的系列实证研究［M］．北京：教育科学出版
社，2007.

［3］张奠宙．中国数学教育成功的关键在于"四基"［J］．数学教学，
2018（5）：4.

［4］徐中舒．汉语大字典［M］.2版．武汉：崇文书局出版社，2010.

［5］陈红兵．变式理论与变异理论——两个教学理论的比较与关系探析［J］．
教育科学研究，2013（8）：22－26.

［6］张红，宁锐．努力诠释中国特色的数学教育理念以及实践特色——张奠宙
先生访谈录［J］．中学数学教学参考（旬刊），2013（1）：3－6.

［7］张瑞能．初中物理变式教学的实践研究［D］．苏州：苏州大学，2009.

［8］陈红兵．创设有效的学习空间——变异理论视野下的课堂教学［J］．教育
学报，2013（5）：52－60.

［9］洪树兰．数学"支架式教学"研究［D］．昆明：云南师范大学，2006.

［10］周海斌．活用教材为学习搭建"脚手架"［J］．中小学教学研究，
2012（11）：10.

［11］刘小利．浅谈中学数学中的构造法解题［J］．新课程（中），
2014（2）：8.

［12］弗赖登塔尔．作为教学任务的数学［M］．陈昌平，唐瑞芬，译．上海：
上海教育出版社，1995.

［13］波利亚．数学与猜想［M］．北京：科学出版社，1985.

［14］卢介景．数学的三个发展时期——现代数学时期［EB/OL］．http：//
www. pep. com. cn/gzsx/rjbgzsx/rjgzsxwd/201008/t20100827 _ 1473253. html？
undefined，2010 – 08 – 27/2018 – 09 – 21.

［15］郑毓信．数学教育哲学［M］．成都：四川教育出版社，2001.

［16］曾晓新，唐彦芳．模式论的数学观与模式论的数学教学观［J］．桂林师
范高等专科学校学报，1994（2）：64 – 67.

［17］涂荣豹．数学教学认识论［M］．南京：南京师范大学出版社，2003.

［18］M. 克莱因．数学：确定性的丧失［M］．李宏魁，译．长沙：湖南科学技
术出版社，1997.

［19］［美］R. 柯朗，H. 罗宾．什么是数学［M］．左平，张饴慈，译．上海：
复旦大学出版社，2012.

［20］潘德党．谈谈数学本质与数学教育的整合［J］．福建教育学院学报，
2006（12）：7 – 8.

［21］［美］《科学新闻》杂志社（Science News）．数学与科技［M］．杜国光，
任颂华，任镁，译．北京：电子工业出版社，2017.

［22］中华人民共和国教育部．义务教育数学课程标准［M］．北京：北京师范
大学出版社，2012.

［23］曹一鸣，王竹婷．数学"核心思想"代数思维教学研究［J］．数学教育
学报，2007（2）：8 – 11.

［24］徐庚保，曾莲芝．系统论是仿真又一个基础理论［J］．计算机仿真，
2016，33（12）：1 – 4.

［25］陈伟，马建新．赏析系统论与多元智能理论——对系统论三原理与多元智能理
论相关观点的对比分析［J］．现代教育科学：普教研究，2013（2）：45 – 46.

［26］易文婧．正确运用反馈原理提高数学教学效率［J］．教育科学论坛，
1998（9）：1.

［27］古铁雷斯，伯拉．数学教育心理学研究手册：过去、现在与未来［M］．
桂林：广西师范大学出版社，2009.

［28］［德］E. 胡塞尔，［美］G. 施密特，李联华．现象学与人类学［J］．广
西大学学报（哲学社会科学版），2016，38（4）：23 – 29.

［29］陈珺．从教学动力论的角度看"协商大纲"的运用［J］．黑龙江史志，

2008（14）：85 – 86.

[30] 吴式颖. 外国教育史教程［M］. 北京：人民教育出版社，2010.

[31] 赞可夫. 教学发展［M］. 北京：文化教育出版社，1980.

[32] 和学新. 教学策略的概念，结构及其运用［J］. 教育研究，2000（12）：
54 – 58.

[33] 倪梁康. 胡塞尔现象学概念通释［M］. 北京：生活·读书·新知三联书
店，2007.

[34] 蒋荣清. 基于认知负荷理论的数学课堂教学策略［J］. 数学通报，
2018（1）：39 – 42.

[35] 龚德英，刘电芝，张大均. 元认知监控活动对认知负荷和多媒体学习的影
响［J］. 心理科学，2008，31（4）：880 – 882.

[36] 刘静怡. 从维果茨基文化历史理论看当前课堂教学中的合作学习［J］.
现代教育科学，2017（6）：64 – 68.

[37] 高文，王海燕. 抛锚式教学模式（一）［J］. 全球教育展望，1998（3）：
68 – 71.

[38] 鲍建生，周超. 数学学习的心理基础与过程［M］. 上海：上海教育出版
社，2009.